上海市教师资格专业课程考试用书

高等教育方法概论

修订版

主　编⊙孙绍荣

华东师范大学出版社
·上海·

图书在版编目(CIP)数据

高等教育方法概论/孙绍荣主编. —修订版. —上海:华东师范大学出版社,2010

上海市教师资格专业课程考试用书

ISBN 978 - 7 - 5617 - 8162 - 3

Ⅰ.①高… Ⅱ.①孙… Ⅲ.①高等教育-教育理论-师资培训-教材 Ⅳ.①G640

中国版本图书馆 CIP 数据核字(2010)第 199412 号

上海市教师资格专业课程考试用书

高等教育方法概论(修订版)

主　　编　孙绍荣
策划编辑　翁春敏
组稿编辑　赵建军　吴海红
责任编辑　吴海红
审读编辑　赵成亮
责任校对　王丽平
装帧设计　卢晓红

出版发行　华东师范大学出版社
社　　址　上海市中山北路 3663 号　邮编 200062
网　　址　www.ecnupress.com.cn
电　　话　021-60821666　行政传真 021-62572105
客服电话　021-62865537　门市(邮购)电话 021-62869887
地　　址　上海市中山北路 3663 号华东师范大学校内先锋路口
网　　店　http://hdsdcbs.tmall.com

印 刷 者　常熟市文化印刷有限公司
开　　本　787 毫米×1092 毫米　1/16
印　　张　12.5
字　　数　230 千字
版　　次　2010 年 12 月第 1 版
印　　次　2023 年 10 月第 17 次
书　　号　ISBN 978-7-5617-8162-3/G·4768
定　　价　28.00 元

出 版 人　王　焰

(如发现本版图书有印订质量问题,请寄回本社客服中心调换或电话 021 - 62865537 联系)

顾名思义，高等教育方法是实施高等教育的方法。实施高等教育，就是针对大学生（包括大专生、本科生、硕士研究生、博士研究生等各种层次的大学生）完成教育任务，使他们成长为能够为社会服务的高级人才。所以，高等教育方法就是培养和教育大学生的方法。

高等教育方法与一般工程技术方法不同。工程技术是针对自然世界的，这种方法所针对的对象没有意识。而高等教育方法所针对的对象是有相对比较成熟的身体和心理的人，他们有思想、有观点、有知识，有一定的思维判断能力。高等教育对象的这些特点，要求我们在运用高等教育方法时，要注意如下原则：

一、要注意影响选择高等教育方法的各种因素，如大学生自身特点、教育内容、接受教育的经历、具体教育情境等。不问条件和情况地盲目照搬照抄，是使用高等教育方法的大忌。

二、高等教育方法只有被恰当地使用，才能有好的效果。而能否恰当使用某种方法，还与具体教师的个人特点（比如学识与心理特点、表达能力等）有关。所以，对于同样的学生、同样的教育内容和任务，不同的教师，最恰当的方法也可能不同。

三、教育有法而无定法，要注意创新与常变。一成不变，再好的教育方法也会效果渐差。所以，教师要经常学习与研究教育方法。

四、选用教育方法的最根本目的是提高教育效果。所以，作为教育管理者，应当用教育效果与效率来考核教师，不应为了追求某种"潮流"而刻意提倡或贬低某种方法，而作为教师，也不应人云亦云，而应以自己长于什么方法、什么方法效果最好为根本依据。

五、本书以介绍高等教育方法基础知识、提高教师在学习和研究高等教育方法方面的感悟能力为主，而不是规定在什么情况下一定要用什么方法。

六、就实质来说，高等教育方法是一种信息传递方法，这是由教育工作的性质所决定的。人的成长主要依靠"两个育"：养育和教育。养育是为对象提供物质环境，比如衣、食、住所需要的各种条件，而教育则是为对象提供信息环境，比如语言、图像、符号、实物或者模型等等。理解和牢记这一点，对于我们使用和研究高等教育方法，是有重要的指导作用的。

第一章

大学教育内容的
组织

　　教育内容，对于提高人才培养质量有十分重要的意义。本章首先概述了大学教育课程的类型、课程计划，以及教科书的编写，阐述了教科书编写流程以及在编写过程中应注意的问题；接着讲授了当前大学教育的主要组织形式，以及如何优化教育信息形式；然后就当前国外的一些教育模式进行了简要解说；最后列举出本科生教学中常见的问题，并进一步给出相应的解决对策。

第一节　大学课程的类型

一、概述

课程也称教学科目,它有广义和狭义之分。

广义的课程是指为实现专业培养目标而选择的教育内容的总和,包括学校所教各门科目和有目的、有计划、有组织的课外活动。狭义的课程专指一门教学科目,往往简称为"课",如政治课、外语课、高等数学课等。本章所涉及的课程概念主要是从广义的角度而言的,也就是指某个专业的全部教学科目及其体系。

在西方,课程一词的最早提出者是英国教育家斯宾塞,他在 1861 年出版的《教育论》中把教育内容的系统组织称为 curriculum(课程)。英语 curriculum,源于拉丁语"跑道"(cursum race course),转义到教育上的术语,就是指学生的学习路线、学习进程。我国南宋朱熹所著《朱子全书·论学》中有"宽着期限,紧着课程"、"小立课程,大作功夫"等句提到课程,指学习的范围、期限、进程,已基本接近于现代课程的概念。

从实质来看,课程是人们根据教育目的,把教育内容按类别及一定过程组织起来的知识的或观念的系统。通过对课程的教学,才能引导学生全面发展,实现培养目标。

二、课程的类型

大学课程可从不同的角度进行不同的分类:按课程基础性,可以把课程分为公共课程、基础课程、专业基础课程和专业课程;按学生修习的必要性,可以把课程分为必修课程和选修课程;按课程的信息表现形式,又可把课程分为理论性课程和实践性课程。

(一)公共课程、基础课程、专业基础课程、专业课程

1. 公共课程

公共课程通常简称为公共课,一般是所有大学里的所有专业的学生都必修的课程。

目前我国规定的公共课程有三类:政治类、外语类、体育类。各类中往往都包括若干具体的课程,比如政治类课程中有思想品德修养课、马克思主义基础理论课等等。

从特点方面看,这类课程有的是对培养德、智、体全面发展的专门人才有重要意义的课程,比如政治类公共课程、体育类课程等;有的则是各专业学生日后学习或工作的通用工具,如外语类课程等。

公共课具有普及性的特点,因此公共课的教学对象群体较大,一般采取大班上课的方式。由于公共课涉及不同专业,学生具有较大的差异性,因此教师在授课过程中应当注意到不同专业的差异,才能收到较好的效果。

2. 基础课程

基础课程通常是某一专业门类的学生进一步学习其他课程的共同基础,它所提供的思想、方法、理论知识是学生学习后继课程的重要工具。比如工科院校的学生的基础课通常有高等数学等。

3. 专业基础课程

这类课程是学习某一专业的学生进一步学习专业课程的基础,包括本专业的基础理论、基本知识和基本技能训练课程(亦称"三基")。比如,物理专业的专业基础课程有力学、热学、电磁学等。

4. 专业课程

专业课程集中体现了具体专业的特点,是根据国家对该专业的大学毕业生在业务素质上的特殊要求而设置的课程。专业课程又包括专业理论课、专业技术课和专业实践课。通过专业课程的学习,学生能够掌握专业的知识和技能。

专业课程的实践性比较强,在课堂讲授之外,可以适当地辅以案例教学及实验课等比较生动的教学方法。

(二) 必修课程与选修课程

这是一种与学分制紧密联系的课程分类。

1. 必修课程

必修课程是指学习某一专业的学生必须修习的课程,这类课程一般为基础课程和专业基础课程。设立必修课程的目的是保证学生的基本规格和基本质量,所以在课程结构中处于主体地位,它具有相对的稳定性。

必修课程可分为公共必修课程和专业必修课程,公共必修课程包括公共课程、基础课程,专业必修课程包括专业基础课程等。

2. 选修课程

选修课程是指学习某一专业的学生个人可以有选择地修习的课程。

这类课程,从内容特点来看,或是专业知识的拓宽与深化,或是应用技能的训练,或是研究方法的培养,或是文化艺术修养的提高,或是跨学科的拓宽知识面的课程。它是为了适应学生的就业需要和爱好特长而开设的。

选修课程一般不如必修课程稳定,可以及时调整,但具有较强的实用性。

根据与专业培养目标的相关程度,还可以把选修课程分为限制性选修课程和非限制性选修课程。

限制性选修课程是指在规定的范围内选修的课程,有"套餐式"和"拼盘式"两种。

套餐式指规定学生必须从所提供的几组选修课程中选择其中一组课程。

拼盘式是指让学生从指定的社会、自然、人文等类课程中各选一二门课程拼成一组课程。

从设立选修课的目的来看,套餐式着眼于适应学生的不同发展方向,拼盘式侧重于扩大知识面。通常,限制性选修课程在选修课程中占较大比重,以巩固知识和开阔思路。

非限制性选修课程指不限制范围,由学生根据自己的学习情况和兴趣自由选读的课程。它有利于发展学生的爱好特长,但带有业余性,是学生完成课业后尚有余力而自愿选学的,所以在选修课程中不宜占太大的比重,以免增加学生负担。

值得注意的是,学生在选修课程时,教师必须根据他们各自的特点给予指导,防止因放任自流而造成学生盲目选课或者片面地选择"易学"的课程,进而导致培养质量的下降。

（三）理论性课程与实践性课程

1. 理论性课程

理论性课程是指以科学知识的理论体系为中心组织起来的教育内容。理论性课程往往以课堂讲授为主,它在大学课程体系中占用学时较多,是大学课程的主要部分。

理论性课程具有如下特点和作用:

（1）从学生的认识过程来看,理论性课程的内容属于间接经验

理论性课程是人类对自然和社会现象的抽象与概括。学生通过对理论性课程的学习,可以较快地掌握前人长期研究和总结出来的规律。但如果讲授不当,学生就不易理解和掌握。

（2）从内容的结构方面看,理论性课程的系统性较强

理论性课程是人们把科学知识按教学科目进行划分,依据各门学科自身的逻辑体系,系统地组成相应的课程。因此,通过对理论性课程的学习,学生能够获得系统的知识。

（3）理论性课程有利于培养理论研究能力

由于理论性课程强调抽象思维、强调逻辑思维、强调论证,所以通过理论性课程的学习,可以培养学生进行理论研究的能力。

2. 实践性课程

实践性课程是指以学生的主体性实践活动为中心组织起来的教育内容,比如各种实验、实习、考察等等。它是培养高级专门人才的必要补充,对某些实践性强的学科来说尤为重要,如工科、医科等。

与理论性课程相比较,实践性课程主要有以下特点和作用:

（1）从学生的认识过程来看,实践性课程的内容属于直接经验

实践性课程通过学生自己的亲身体验来理解或检验科学知识,使学生对所学知识产生深刻的印象。因此,实践性课程有利于理解和巩固新知识。但由于在实践性课程中学生要亲身体验,因此与理论性课程的直接讲授相比,在实践性课程中认识同样规律时,学生所花费的时间和精力较多。

（2）有利于培养学习的主动性

在实践性课程的学习过程中,学生往往需要亲自动手进行实验或者主动观察,从而养成主动学习的习惯,也容易产生学习兴趣。

（3）有利于培养解决实践问题的能力

在实践性课程中,往往需要学生把所学知识运用到实际情境中去,从而锻炼学生从实践中发现和解决问题的能力。

第二节　课程计划、教学大纲和教科书

一、课程计划

（一）课程计划的概念

课程计划也称为培养计划或教学计划,它是由一个专业的全部课程所形成的体系

结构。它是为了保证某一种专门人才的规格而制定的指导性文件,集中体现了培养目标的要求。

课程计划是学校安排教育内容和组织教学的主要依据。

课程计划的内容一般包括:专业培养目标、修业年限、总学时或总学分、课程设置(教学科目、课程类别、学分学时比例等)、教学形式(讲授、讨论、习题课、实验、实习、毕业论文或毕业设计、考试和考查等)、教学进程安排(课程顺序、开课时间、时间分配、学年学期学周的编制、假期等)、必要说明(主干课程、各类课程的分量、课程要求等)等等。

(二)编制课程计划的原则

1. 符合专业培养目标

专业培养目标是根据党的教育方针,按照社会需要制定的。课程计划是围绕专业培养目标编制的学校教育工作的总体规划和实施方案。所以课程计划必须符合专业培养目标。

在设计课程计划的指导思想上,要坚定不移地贯彻党的教育方针政策,遵循教育教学的内在规律,适应社会主义现代化建设的需要,适应经济全球化和竞争国际化的形势,适应科学技术突飞猛进和知识经济迅速兴起的潮流,既坚持社会主义方向,又满足时代发展的实际需要。

在制定课程计划的实施方案上,要有利于学生德、智、体的全面发展,提高学生的综合素质。为此,课程计划应处理好思想与业务、知识与能力、理论与实践、学习与健康的关系。

第一,必须在重视学生业务学习的同时,注重对学生思想品德的教育。通过开设马克思主义政治理论课程和思想政治教育课程,帮助学生掌握马克思主义的基本原理,树立正确的世界观、人生观和价值观,了解国内外形势和党的方针政策,提高思想理论水平。

第二,必须在传授知识的同时,重视发展学生的能力。培养学生的自学能力、科研能力、创新能力、组织协作能力,是达到培养目标的重要方面。同时,要注意对不同年级的学生,要求应有所不同。低年级学生侧重于学习知识、打好基础,教学时数较多;高年级学生侧重于培养能力、适应社会,教学时数较少,并相应增加自学和研究的时间。

第三,必须在切实加强理论性课程教学的同时,充分重视实践性课程的教学,使实验、教学实习、生产实习、毕业实习、毕业论文、社会调查与实践、生产劳动等在课程计划中有一定的位置。

第四,必须在教学知识和培养实践能力的同时,注重学生身心健康的培养。要重视体育课程和心理健康教育课程。要培养学生锻炼身体的基本技能和良好的卫生习惯,培养学生乐观开朗、积极进取、不怕挫折、勇于拼搏等良好的个性心理品质。

2. 保证教育内容的系统性

教育内容的系统性指其整体性和有序性。

教育内容的系统性有纵横两方面。即作为教育内容具体表现形式的课程计划,应保证具体专业的教育内容在横向和纵向上的系统性。

所谓横向的系统性是指课程之间存在着的密切联系及完整性。在课程计划中,某门具体的课程尽管是相对独立的类目,但应当注意根据专业培养目标把各门课程组织成为一个有机整体。一方面,基础课程与专业课程、必修课程与选修课程、理论课程与实践课程都是课程体系中不可缺少的组成部分,因此应注意使它们有合理的比例。另一方面,要注意防止课程内容分割过细、简单拼凑,要避免脱节和不必要的重复,加强教育内容的整体统筹和协调,使各门课程相互配合。

所谓纵向的系统性,即课程的安排要有合理顺序。这是因为一些课程往往是另一些课程的基础,如果基础没有打好,后续课程就无法顺利教学。一般来说,基础课程先于专业课程,理论教学先于实验、实习、毕业论文和毕业设计。在排列课程顺序时,要注意先修课程与后续课程的衔接,以防倒置和脱节。

3. 合理地分配课程门数和教学时数

制定课程计划必须处理好保证教育质量和减轻学生负担的关系,合理地分配课程门数和教学时数。

课程和学时过多,会增加学生学习的负担,不仅不利于培养学生独立思考和创造性学习的能力,反而会影响其身心健康;而课程和学时过少,则会妨碍学生获得知识技能的完整性和深度,不利于保证培养质量。

每门课程教学时数的合理分配,须视课程特点和学生年级而定。理工科教学时数多于文科,因为理工科课程需要较多的课堂讲授、练习或实验;选修课程由于其范围较窄,时数较少。对于同一门课程,由于不同专业的要求不同,往往学时也不一样,如理科类的高等数学学时比经济管理类的多。高年级的学时应少于低年级的学时,以增加高年级学生独立学习的时间,加强他们各方面的能力。尤其是大学的最后一年或最后一学期,要尽量少上课以保证学生有充足时间进行科学研究、做毕业论文或毕业设计。

目前,我国高等本科教育的总学时一般为 2000 多学时。

经验证明,对于大学本科,一门课程一周最好不要超过 6 个学时,以利于学生对知识的消化吸收。每学期的课程门数,一般以 5~7 门为宜;其中需要同一学期上的难度大的课程,不宜超过 4 门。

4. 前瞻性

教育是一种超前性的工作,今天培养的大学生要能适应毕业时的社会和科学技术发展的需要。这就要求组织和安排教育内容应当有"超前"意识:一是必须及时引进反映科学技术发展的新观点、新成果;二是必须考虑未来社会发展的趋势,对学生就业时的社会需要做好预测工作,及时调整专业目录或课程体系。

5. 统一性和灵活性

制定课程计划要从两个方面出发,处理好统一性与灵活性的关系。

一是从国家对高级专门人才的需要出发。课程计划的制定要面向全体学生,其基本内容和要求应当具有统一性,以保证所培养人才的基本素养和能力质量。对于相同专业的主干课程和基础课程,对于教学诸环节的各自分量和相互配合,都应科学安排,力求符合标准,不宜任意增减。这样,各学校的同一专业、同一层次的课程计划便有了一定的标准,可保持相对的稳定。

二是从各学校的实际情况出发。由于各学校的特点、师资、设备等条件不同,学生的素质水平和年龄高低不一,如果课程计划过于强求一律,也是不妥当的。必须在坚持统一要求的前提下,因地制宜,因材施教,允许有一定的灵活性。例如:选修课的设置应视学校师资和设备条件而定;同一专业不同专业方向在开设相同主干课程和基础课程的前提下,设计不同系列的选修课程,组织不同的毕业设计课题。而且,随着社会的发展,课程计划也要不断充实与改进,但要注意不能频繁变动,否则会给教育工作带来不利影响。

二、教学大纲和教科书

(一)教学大纲和教科书的概念

教学大纲是针对一门课程制定的指导性文件,它以纲要的形式规定一门课程的性质和任务,基本要求,教学内容的范围、深度及其体系,教学进度安排以及对教学法的要求等。

教学大纲是编写教科书的直接依据,也是教学工作和考核教学效果的基本指南。

教学大纲一般由说明和正文两部分组成。

正文部分是对一门课程教学基本内容所作的规定,是教学大纲的主体部分。它以学科的科学体系为基础,结合教学法的特点,安排该课程教学内容,并以篇、章、节、目的顺序编制成严密的授课内容体系。

大纲正文的具体项目为:

1. 规定教学内容的范围和分量、时间分配和进度。

2. 规定实验、实习或其他作业的主题。

3. 介绍各章节的教科书、参考书及其他参考资料以及必要的教学设备等。

说明部分叙述了本门课程的意义、教学目的和任务、教学内容选编的原则和依据,指明该课程的教学方法,提出对教材重点与难点部分的教学建议。这一部分为教师教学和编写教科书提供指导性的建议。

教科书又称课本或教材,是根据教学大纲所规定的内容和教学法要求编写的教学用书。它以简洁准确的文字,明晰而系统地阐述一门课程的知识。一般由目录、课文、习题、实验、图表、注释、附录等部分构成。教科书是教学的基本材料。

(二)教学大纲和教科书编制的原则

1. 教学大纲要符合课程计划的要求

课程计划是关于某专业的全部课程的整体规划,教学大纲则是关于某一门具体课程的实施方案。因此,教学大纲要符合课程计划的要求。

首先,教学大纲要符合培养目标的要求,以保证人才培养的基本规格。

其次,作为以一门课程的科学体系为基础的教学大纲,在其教学内容的选择上,应当保持该课程科学体系自身的完整性和系统性。

第三,编制教学大纲时还要注意与课程计划中有关课程的配合。对于某一具体课程的教学大纲,要处理好先行课程、平行课程和后继课程的关系,做到既相互衔接,又避免重复。

2. 坚持科学性与思想性

在编制教学大纲和教科书时,一方面要注意有关具体结论和方法必须是科学的和可靠的,一方面要注意思维方式和哲学观点的正确性。

教学内容应当以成熟的知识为主,如果为了引发学生思考需要介绍一些不成熟的研究,则一般不宜轻易作出定论。当然,在注意选择成熟知识的同时,还应注意排除那些陈旧繁琐的东西,及时增加一些可靠的新成果。

在思想方法方面,必须以辩证唯物主义为指导。对于各种非唯物主义的学术观点,如果有必要介绍,也要注意以正确的立场、观点和方法进行分析,帮助学生提高判断能力。

3. 理论与实际相统一

教学大纲和教科书的编写应当遵循理论联系实际的原则,在重视理论教学的同时不能忽视实践训练,在传授知识的同时要注重能力的培养,在陈述理论观点的同时要联系实例,做到理论与实践、知识与技能、观点与材料的统一,实现学懂会用、学以致用。在教学大纲中,要注意根据需要安排一定比重的实验、实习和实践环节,并规定具体要求。教科书要以材料论证观点,以观点统率材料。

4. 科学体系与教学法要求相统一

每门科学都有其自身的系统性,编排每门学科的教学内容必须符合相应的科学体系,否则容易造成学生所学知识的片面性。

但是,课程并不完全等同于科学体系,大纲和教材也不是有关学科知识的简单缩写,而应当结合专业需要和教学法要求,建立严谨的课程体系。在具体课程的内容结构方面,要按照学生接受知识的规律,由易到难、由简到繁、循序渐进地编排内容;还要注意适当精简那些与培养目标关系不大的内容。对于特别艰深的内容,在基础课程中可限定其深度,或移到专业课程中再展开。

5. 少而精的原则

教学内容如果过于庞杂或学时过多,都会加重学生负担,使他们难以及时消化吸收所学知识而导致教学质量的降低,同时还会减少学生自学和课余活动的时间,进而影响他们的全面发展。因此,大纲和教材的编制必须贯彻"少而精"的原则,要注意控制分量,精选内容。在贯彻少而精原则时,要着重处理好提高教学质量、完成教学任务与学生实际接受能力之间的关系。

6. 教科书的形式要有利于学生的学习

教科书是学生学习的专用书籍,所以教科书的形式必须充分考虑学生学习的要求。教科书的内容结构要层次分明,语言叙述要简练、准确、生动、流畅,并且要逻辑严明、详略得当,标题和论点要鲜明醒目,字体大小要适宜,封面、图表、插图要美观清晰。总之,教科书的形式要符合卫生学、心理学、教育学和美学的要求,成为帮助学生学习的有力工具。

三、课程计划、教学大纲和教科书的运用

课程计划、教学大纲和教科书之间有着密不可分的联系。课程计划是一个专业的

课程的体系结构,教学大纲是一门课程的纲要结构,教科书则提供一门课程的系统的知识结构。

因此,课程计划是制定教学大纲的指导性文件,教学大纲是编写教科书的纲领。反过来说,一门课的教学大纲是本专业的课程计划某个局部的细化,教科书是教学大纲的具体化。

教师必须严格按照课程计划进行教学。因为课程计划是对某个专业所学课程及其体系的总体规划,它规定了各门课程的课时、顺序。各门课程的教学只有严格按照课程计划进行,才能相互配合和衔接,全面完成教学任务。

教师要深入地钻研教学大纲。因为教学大纲是规定教师教学内容和评价学生掌握内容的范围和程度的基本标准。教师只有熟悉教学大纲,认真贯彻教学大纲,才能保证一定的培养规格。一般地说,教师要根据大纲制定出教学进度表,规划本课程中需要讲授的各部分具体内容及其教学形式的顺序与时间。对于课堂活动较为复杂的课程如实验、外语等,最好编写教案以预先设定每一节课的教学活动程序。另外,最好还要了解一下相近课程的教学大纲,以保证课程之间的合理联系。

教师要创造性地使用教科书。教科书是教学内容的最基本资料。在使用教科书时,要处理好教科书与其他参考资料的关系。要在熟练掌握教科书的基础上,广泛阅读有关资料,并结合学生实际情况补充新内容,以利于学生开阔思路和深入领会知识。同时,还要善于运用生动的语言、现代化的教学手段、科学的教学方法来展现教科书的内容,以提高教学效果;还要注意指导学生正确使用教科书,如果需要,还应当给学生提供相关的指定阅读书目,以利于学生巩固和丰富有关知识并培养自学能力。

第三节　教科书的编写

一、高校教科书的特点

教科书是教师教学、学生学习的依据,一般有如下特点:

1. 高校教科书是严格按照教学大纲所规定的内容和教学法要求编写的,编写者不能按照自己的喜好随意取舍。

2. 高校每本教科书都是教学计划规定的内容体系的一部分,需要统筹考虑其适用层次、体例选择、内容范围等。

二、作者编写过程中应注意的问题[①]

教科书既是传递教学内容的媒介,也是促进学生学习的重要工具。因此,不仅要严格按照教学大纲编写教科书,而且要充分考虑学生的学习心理规律。

在编写教科书时,需要注意如下几点技术问题:

---

① 参考高鹏:《浅谈策划编辑在高校教科书编写中的主导作用》,载《出版科学》,2008(5);陈晓东:《教科书编写策略研究——以小学数学教科书为例》,载《当代教育科学》,2009(10);王小明:《教科书编写中的若干心理学问题》,载《全球教育展望》,2005(11)。

一是使用图片时,图片必须能突出事物的关键特征,且文字与图片要搭配。需要注意的是,与中小学教科书相比,大学教科书使用图片一般比较少。这是因为大学生的抽象思维能力比较高,无需使用大量的图片来辅助形象思维。

二是要突出关键内容,比如用大号字或者黑体字等,这样能够帮助学生识别重点和关键内容。

三是如果需要利用向学生提出问题的形式来促进学习,一般把问题放在教学内容之后。

三、教科书编写的流程

编写出一本教科书,需要做一系列的工作,而且任何一项工作都不能马虎。总的来说,教科书的编写可以分五步来完成。

第一步:确定教科书的书名。书名是对一本书的简洁概括,有了书名,就有了书的中心思想。在写作过程中它是一条中心线,书的内容不能离开这条中心线。

第二步:编写书的目录框架。目录是对书名的进一步细化,它包括了该书每一章节该写的内容,为下一步的资料搜集作准备。

第三步:搜集、处理资料。根据目录搜集相应的资料,并选择出有用的信息保存下来,以便于教科书的编写。

第四步:教科书编写。根据搜集、处理好的资料,按章节的顺序,一节一节地编写。

第五步:教科书的完善。对基本编写完成的教科书进行修改、完善,使其内容完整、体例均衡,尽量做到没有差错。

某学校的公共事业管理专业课程计划(或称教学计划、培养计划)

附1

公共事业管理专业课程计划

课程计划案例[①]

一、培养目标

本专业培养具有现代管理理论、技术与方法等方面的知识以及利用这些知识的能力,能在政府部门及文教、体育、卫生、环保、社会保险等公共事业单位行政管理部门从事管理工作的高级专门人才。

二、培养基本要求

本专业学生主要学习现代管理科学等方面的基本理论和基本知识,受到一般管理方法、管理人员基本素质和基本能力的培养和训练,掌握现代管理理论、技术与方法,能从事公共事业单位的管理工作,具有规划、协调、组织和决策方面的基本能力。毕业生应获得以下几方面的知识和能力:1.掌握管理科学、经济学、社会科学等现代科学的基本理论和基本知识;2.具有适应办公自动化,应用管理信息系统所必需的定量分析和应用计算机的技能,要求通过计算机应用二级资格证书考试;3.具

---

① 该课程计划制订人为韩承鹏。

有进行质量管理、数据的收集和处理与统计分析的基本知识和能力;4.熟悉我国有关的法律法规、方针政策以及制度;5.具有较强的社会调查和写作能力;6.掌握文献检索、资料查询的基本方法,具有初步的科学研究和实际工作能力;7.通过国家英语四级考试。

三、专业特色

本专业为公共管理类中四专业之一,它既不同于劳动与社会保障和土地资源管理这两个培养特殊技能人才的专业,也不同于培养较宏观管理人才的行政管理专业,而是培养相对中观管理、对特殊技能要求较少的人才。本专业是1998年教育部调整专业时形成的,它覆盖了六个缩减掉的专业。我校的公共事业管理专业既不像师范院校办的偏教育管理、体育院校办的偏体育管理、医科院校办的偏卫生事业管理、艺术院校办的偏文化艺术事业管理,也不像有的院校办的偏环境经济与管理或人口学,而是在保持理工特色的基础上培养能说(中英文演说水平较高)、会算(数学教学水平按工科类要求并要求达到计算机应用二级水平)、善写(中英文写作水平较高),公共事业管理知识及其运用能力达到教育部所要求的水平,可适应政府机关及公共事业单位行政管理部门管理工作的人才。

四、专业核心课程

管理学原理、微观经济学、宏观经济学、管理思想史、当代中国政府与政治、公共组织理论、公务员制度等。

五、学制与学位的授予

本专业学制四年,按照学分制管理,实行弹性学习年限(最长六年)。修满培养计划规定的170学分方能毕业,达到学位要求者授予管理学学士学位。

六、专业方向

无方向。

七、课程设置及学分要求(共170学分)

(一)通识课程

学生应在通识课程中修满46.5学分。

(二)学科基础课程

学生应在学科基础课程"经济管理类"课程中修满45学分。

(三)专业课程(68.5学分)

课程组	课程代码	课程名称	学分	总学时	建议修读学期	考核方式	要求学分
1	13000600	管理思想史	2.0	32	5	考查	9
	13005270	当代中国政府与政治	3.0	48	5	考试	
	13005300	公共组织理论	2.0	32	5	考试	
	13000960	公务员制度	2.0	32	6	考试	
		小　计	9				

课程组	课程代码	课程名称	学分	总学时	建议修读学期	考核方式	要求学分
2	13001830	市政管理学	2.0	32	5	考查	24
	13002620	公共部门绩效管理	2.0	32	5	考查	
	13003040	非营利组织管理学	2.0	32	5	考查	
	13003070	社会调查	2.0	32	5	考查	
	13005280	管理沟通	2.0	32	5	考查	
	13005290	现代领导科学	2.0	32	5	考查	
	13000510	公共项目管理	3.0	48	6	考查	
	13001280	教育管理学	2.0	32	6	考查	
	13001711	社会学 B	2.0	32	6	考查	
	13002291	行政法与行政诉讼法 B	2.0	32	6	考查	
	13005310	社会保障制度	2.0	32	6	考查	
	13005330	公共卫生管理	2.0	32	6	考查	
	13005380	公共政策分析	2.0	32	6	考试	
	13002420	政府经济学	2.0	32	7	考试	
	13004070	公共危机管理	2.0	32	7	考查	
	13005320	物业管理	2.0	32	7	考查	
	小计		33				
3	13001720	社区管理	2.0	32	5	考查	16.5
	13002640	公共财政	3.0	48	5	考试	
	13002660	公共关系学	2.0	32	5	考查	
	13003791	公共部门财务管理 B	2.0	32	6	考查	
	13004090	管理类毕业论文写作	1.0	16	6	考查	
	13000022	保险学概论 B	2.0	32	7	考查	
	13000490	公共伦理学	2.0	32	7	考查	
	13000550	公务员考试培训	2.0	32	7	考查	
	13001780	世界贸易组织概论	2.0	32	7	考查	
	13002440	机关公务礼仪 B	2.0	32	7	考查	
	13002590	组织行为学	2.0	32	7	考查	
	13004220	政府采购	2.0	32	7	考查	
	小计		24				

续　表

课程组	课程代码	课程名称	学分	总学时	建议修读学期	考核方式	要求学分
4	13100031	办公设备原理与操作 B	1.0	1 周	短 4	考查	3
	13100442	社会调查 C	1.0	1 周	短 5	考查	
	13100900	应聘模拟	1.0	1 周	短 6	考查	
		小计	3				
5	13100050	毕业论文	14.0	14 周	8	考试	16
	13100120	毕业实习	2.0	2 周	8	考查	
		小计	16				

(四)任选课程(10 学分)

附 2

某高校《管理原理》课程教学大纲

《管理原理》课程教学大纲

Principle of Management

课程编号:30023

适用专业:管理类专业　学时:48　学分:3

一、课程的性质和目标

本课程是管理类专业本科生的专业基础课,是管理类专业本科生的必修课程和主干课程,起着介绍管理学基本知识和培养学生开展管理科研的能力的作用。本课程的目标是使学生了解理论界对管理概念的各种定义和争论,了解管理的一般规律、基本原理和基本方法,并且初步养成解决实际管理问题的能力,为以后学习其他专业课程打基础。

二、课程内容与学时分配

第一章　概述(4 学时)

目标:了解管理活动的社会意义、各种管理概念定义与争论、管理活动的三个基本特征,以及现代管理的原理和管理方法。

主要内容:各种管理概念,管理概念产生争论的原因,管理活动的三个基本特征,管理活动的基本职能,管理学基本原理:人本原理、系统原理、责任原理、权变原理,管理的基本方法:经济方法、行政方法、规章制度方法、思想教育方法。

自学:管理的基本方法。

第二章　管理学简史(10 学时)

目标:了解中国古代管理思想、西方管理思想、管理学的主要历史阶段、现代管理各学派的主要理论。

主要内容:中国古代管理思想;西方古典管理理论:科学管理、组织管理、霍桑实验;西方近代管理理论:X 理论、Y 理论、Z 理论;西方现代管理理论:管理过程理论、决策理论、系统理论;中国现代管理思想。

自学:西方管理理论各派的特点。

作业:中西管理思想的差异及其根源,学生对管理概念的理解与看法。

讨论:管理学的学科性质。

第三章　计划与资源优化配置(8学时)

目标:资源配置的概念、优化的概念、计划的概念,资源配置的方法、计划的类型、制订计划的过程步骤。

主要内容:资源配置的概念、优化的概念、资源配置的方法、资源配置优化的方法、计划的概念、计划的编制步骤和方法;常用的资源配置技术与方法:预算、计划评审技术、程序优化、定货与存货优化、质量优化。

自学:信息系统在资源配置优化中的作用。

作业:讨论现代管理信息系统在资源配置优化中的作用。

第四章　行为控制原理(10学时)

目标:行为控制的概念、行为控制的意义、行为控制的方法、行为控制所要注意的问题、行为控制的定量模型、行为控制与传统的激励理论的关系。

主要内容:行为控制的概念、行为控制的意义、行为控制的方法、行为控制所要注意的问题、行为控制的定量模型、行为控制与传统的激励理论的关系。了解西方的行为控制理论(领导理论、激励理论),掌握回报控制法、资源控制法、项目控制法。

案例教学

作业:行为控制案例讨论。

第五章　预测与决策(8学时)

目标:理解决策的概念,了解决策的类型,掌握决策步骤,初步了解决策的几种基本方法。

主要内容:预测与决策的意义、概念及种类,预测的基本方法,决策的概念、类型和过程,决策技术与方法,新决策技术。

自学:决策的历史发展。

案例教学

作业:寻找成功决策与不成功决策的案例。

第六章　组织与体制、机制(8学时)

目标:了解组织的概念及意义,掌握组织设计的基本原理、组织结构的类型及特点,掌握影响组织变革的因素及相应理论,了解体制的概念、机制的概念、体制的类型、机制的类型、影响体制的因素、体制与机制的关系。

主要内容:组织的概念及意义,组织设计的基本原理,组织结构的类型及特点;影响组织变革的因素及相应理论;体制的概念、机制的概念、体制的类型、机制的类型、影响体制的因素、体制与机制的关系。

案例教学

作业:体制影响组织效能的案例报告。

三、本课程教学的基本要求

管理原理是管理类专业本科生的专业基础课,具有较强的理论性,建议采用课堂讲授、案例讨论、自学等方法进行教学。

其中,讲授内容为比较重要的基本概念、基本规律、基本原理和基本方法,注意每章的重点、难点。讲授过程中要理论联系实际,采用一定数量的有质量的案例来引发学生思考和讨论,以加深学生的理解。如有条件可采用多媒体设备进行教学,提高效率。重要术语要给出相应的英文单词。

案例讨论课的次数应不少于 4 次。

在开展案例教学前,教师要先选择好案例,并且对讨论的具体过程步骤进行设计,对可能发生的各种情况进行估计;在案例讨论过程中,教师应注意对讨论进度及方向进行控制,引导学生运用有关知识来分析问题;案例讨论结束后,教师应及时进行总结,指出讨论中的收获和问题。

本课程自学内容约相当于课堂教学时数的 30%,主要为具备相应资料和容易自学的内容。自学不占用上课学时,但自学内容包括在考试内容内;教师为学生布置自学时,要提出要求和思考题,并进行检查。

本课程的作业量约 40 学时,教师讲授有关章节后,要布置一定量的作业,比如收集案例、阅读管理理论著作、撰写读书报告等,以提高学生理解、运用所学知识的能力和扩大知识面。

本课程的考试方式为闭卷,考试范围包括所有讲授与自学内容,考试重点是考查学生对本课程主要概念和理论的理解、记忆程度和运用能力。

总评成绩:平时作业占 40%,考试成绩占 60%。

四、本课程与其他课程的关系

本课程是所有管理类课程的基础性课程,主要讲授基本概念、原理和方法,为学习其他管理类课程打下基础。

五、教材与教学参考书

1. 孙绍荣:《管理原理探索》,中国科学技术出版社。
2. 周三多:《管理学——原理与方法》,复旦大学出版社。

第四节　大学教育的组织形式

高等学校的教育工作是通过一定的组织形式进行的。目前,我国高等教育常用的组织形式有:讲授、讨论、习题课、实验、实习、参观和指导论文或指导设计。其中,讲授、讨论、习题课属于课堂理论教育;实验、实习、参观和指导论文或指导毕业设计则是实践性教育。课堂理论教育帮助学生获得本专业所需的理论知识,有利于学生掌握系统完整的专业科学体系,也有利于高校大面积地培养人才,是我国高等教育的基本组织形式。而实践性教育帮助学生把课堂所学理论知识运用于实际,有助于学生加深对课堂所学理论的理解以及发展运用知识解决实际问题的能力,实现由继承性学习向创造性学习的过渡,是培养高级专门人才不可缺少的组织形式。

一、课堂讲授

课堂讲授是指教师用语言系统、连贯地向学生传授知识的教育组织形式。在讲授过程中,教师起主导作用,学生是知识的接受者,语言是传递知识信息的主要工具。

讲授是当前我国高等学校除博士研究生阶段外其他各阶段高等教育的主要组织形式,因此在大学教育过程中占有重要地位。从各种教育组织形式的关系来看,其他教育组织形式往往是为加深、引申、扩大和运用课堂讲授的知识而设计的。

这是因为:第一,学生的学习内容是以间接经验为主的,因此学生获得科学知识主要是依靠教师的讲授实现的。第二,一般地说,高度概括和抽象的知识只有通过教师的讲授,才能使学生深入理解和牢固掌握。第三,通过讲授,教师可以将科学知识系统而完整地传授给学生。第四,由于讲授是教师主导的,学生可以以快捷的方式和途径来理解、记忆有关内容,因此能够迅速地传授大量知识,教育效率比较高。

由于课程讲授比较重要,因此在一些国家的大学中,常常规定只有具有一定资格的人(比如讲师以上职称的教师)才能担任主讲教师。

讲授还可细分为讲述、讲解两类。讲述是对某一事物或事件作系统的叙述或描绘,在文科教学中运用较多。讲解是对某一概念、结论或原理进行解释、分析和论证,在理科教学中应用较多。

对于课堂讲授,一般有如下基本要求:

1. 注意科学性和思想性。这就是人们平时所说的教书与育人要结合起来。通过课堂讲授,一方面要使学生掌握科学知识和方法,扩大眼界,另一方面又要使学生形成科学的世界观和正确的人生观、价值观。这就要求教师自己首先要有丰富的专业知识、良好的人品、正确的世界观和价值观。教师较高的个人素养是搞好课堂讲授的重要前提。

2. 注意逻辑和结构。讲授要做到层次分明、逻辑严密、突出重点、讲清难点。讲授的内容主要以教学大纲和教材为依据。但是,教师要对教材中的内容根据自己的理解进行再组织和必要的补充。因此,讲授不是对教材的简单重复和把书面文字口语化,而是一种改造和发挥。

3. 要注意启发学生思考。讲授过程实际上是师生双方共同进行思维活动的过程。教师要注意学生的反应,设法调动学生的积极性和主动性,在传授知识的同时注意培养他们的独立思维能力。在讲授过程中,一般不宜一味地提供结论,而是要适当地提问和设问,引导学生分析和思考问题。

4. 语言要有艺术性。为了增强讲授的感染力,表达要力求通俗易懂、言简意赅、形象生动;音量、语速适度,语调、节奏抑扬顿挫;并注意借助板书、教具和姿势等辅助手段提高讲授效果。因此,教师平时要注意口头表达能力的训练,以获得良好的讲授效果。

二、讨论课

讨论课是学生在教师指导下就指定的论题共同进行思考、分析或争论的教育组织形式。讨论的目的在于帮助学生理解知识,培养学生的思维能力和语言表达能力。这种教育组织形式在社会科学领域的理论课程的教学中占有重要的地位。

课堂讨论的流程大致如下:①

图1

课堂讨论的流程

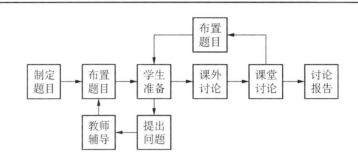

上好讨论课的基本要求是:

1. 讨论前要准备。选好论题是有效讨论的前提。在选择论题时,一般应选择本课程的重点问题;论题要是学生感兴趣的,且是有意义的;论题的难度要适当。为了保证讨论的有效性,一般应提前布置论题,并要求学生做好讨论的准备,比如要充分地领会论题、查阅一定范围的资料并有所思考等。

2. 讨论中要引导。在讨论过程中,教师要善于启发引导学生;讨论离题时,要提示学生围绕主题展开争论;讨论冷场时,要提出有启发性的问题供学生思考,培养发言的欲望;争执不下时,要引导学生抓住关键问题,不要为一般意义不大的问题浪费时间;论题不清时,要帮助学生明确问题所在。但是,需要注意的是,在讨论过程中教师不应当发言过多,也不宜暗示论题的结论,而应当巧妙地引导讨论,使学生能够深入地、围绕主题讨论问题。

3. 讨论后要总结。讨论结束后,教师一般应对讨论情况进行分析或作出有一定深度的总结、评价,有时需要指出学生在讨论过程中的不足,以培养学生的思维能力。

例1

正式讲课前以短小讨论激发听课动机②

某单位邀请一位教授给全体管理人员讲课。

在讲授之前,教授给大家出了一道有趣的思考题:"很远的地方发现了金矿,为了得到黄金,人们蜂拥而去,可是一条大江挡住了必经之路,得知这种情况后,你们会怎么办?"

一石激起千层浪,课堂上顿时热闹起来,许多人都表示要立即去淘金。

"但是,大江挡路怎么办?"教授说。

---

① 选自王振军:《本科生课堂讨论与教学效果的实证性分析》,载《西安社会科学》,2009(1)。此处有少量改动。
② 选自江一:《教授的幽默》,载《新民晚报》,2002 – 1 – 27。此处有少量改动。

有的人说:"游过去"。有的人说:"绕道走"。

但教授只是笑笑,不再说话。

良久,教授才严肃认真地说:"为什么非要去淘金,为什么不可以买一条船搞营运,接送那些淘金的人,这样比淘金更能发财致富!"

全体愕然。

教授接着说:"人们为了淘金发财,即使票价再贵,也会心甘情愿买票上船,这可是巨大的商机啊!"

大家茅塞顿开:是啊,为什么不能换一种思维呢! 结果全体管理人员都全神贯注地开始听教授讲课。

三、习题课

习题课是学生在教师的指导下,通过运用知识解决事先设定的问题来培养能力的教育组织形式。习题课一般需要配合讲授内容的进度进行。习题课有助于学生巩固知识和培养相应的技能技巧,也有助于促使学生思考和培养认真、努力、刻苦等学习品质。

为了上好习题课,一般要做好如下环节:

1. 编写或选择习题。习题要具有典型性,应从教学大纲的要求和学生的实际水平出发,选取能够启发学生思考和具有举一反三效果的题目,而且习题的难度、繁简程度等都要有层次,并且要准确地估计其所需时间,采用适当数量的习题。

2. 要使学生做好准备。为了上好习题课,一般应要求学生事先复习有关理论知识,做好准备。要使学生明确练习的目的和要求,避免盲目性。

3. 正确指导学生。在上习题课的过程中,要善于发现问题。针对普遍存在的重要问题应当面向全班作提示或讲解,但时间和次数不宜过多,尽量少占用学生的作业时间。在习题课上还要注意因材施教:对水平高的学生应当鼓励他们选做难度更大的补充题;对有困难的学生应当启发诱导,帮助他们通过自己的思考解决问题。

4. 及时反馈评价结果。教师要尽快地批改学生作业并向学生反馈评价结果,使学生及时知道学习中存在的问题,这将有助于及时纠正错误。作为教师,还要注意从学生的作业中发现较普遍的、掌握较好的环节和薄弱环节,及时总结教育经验和调整重点。

四、实验

实验是学生在教师的指导下,运用仪器设备和材料,对基于教学目的而人为预设或选择的现象及环境进行观察、研究,并得出科学结论的教育组织形式。采用这种教育组织形式的目的是增强学生的感性认识,加深对理论知识的理解和记忆,同时培养学生的操作技能和从事科学研究的求实与探索精神。

实验可分感知性实验、验证性实验和设计性实验。感知性实验在讲新课之前做,为学习新知识做好感性认识的准备;验证性实验在讲完课后做,用以验证理论和巩固知识;设计性实验往往是为概括某同类现象而进行的,具有一定的创造性。

为了上好实验课,一般需要做好如下工作:

1. 准备实验。首先要制订好学期或学年的实验计划,并且明确每次实验的目的、任务;准备和检查实验所需要的材料设备;编写实验教案;准备或设计与学生预习、复习有关的知识材料或实验方案。

2. 指导实验。实验开始前,教师应当交代实验目的、实验要求与做法,提示安全操作规程。实验过程中,教师要巡视实验情况,发现问题及时解决,但不应当进行过多的具体帮助,而应当多从方法上指导,以便让学生独立观察和独立思考。

3. 总结实验。在实验做完后,教师要及时分析实验过程中出现的问题,并提出建议;要求学生写好实验报告。

例 2

某大学培养本科生物理实验"四种能力"教学模式[①]

某大学通过在物理实验教学中实行学生"四种能力"培养教学模式的研究与实践,取得了良好的教学效果。"四种能力"包括基本实验能力、理论与实践相结合的能力、综合运用知识的能力和创新实践能力。

具体的培养方式如下:

1. 通过预修实验培养学生的基本实验能力;

2. 通过做必做实验培养学生理论联系实践的能力;

3. 通过开设选做实验培养学生综合运用知识的能力;

4. 通过组织物理设计大赛培养学生的创新能力。

实验前,学校给予学生充足的时间和便利来进行实验前的准备。预修实验要求学生熟悉预修实验教材;必做实验要求学生事先对与实验相关的理论知识进行预习,并写出预习报告(基本内容包括实验名称、实验目的、实验原理、实验仪器、列出记录的数据表格等,且经老师批阅认可后方可参加实验);对于选做实验要求学生事先预约,并选择要做的实验。

实验过程中,预修实验允许学生带实验资料进行实验,在实验中遇到问题,学生之间可以相互讨论,可以查询计算机上的相关课件,也可以向教师请教,实验室每天安排一位教师解答学生实验中出现的问题;必做实验要求学生独立操作、积极思考,学生遇到问题时,教师需要引导学生由故障现象分析故障原因,帮助学生一步一步取得实验的成功,而不能立即解答;选做实验,要求学生按照自己选取的实验和预约时间等独立进行实验,实验过程中教师不作任何讲解,把选做实验的电子课件放在网上,学生可以随时在实验室的计算机上进行查询。

实验结束后,教师针对实验中存在的问题进行点评和总结。

五、实习

(一)概述

实习是组织学生到社会活动现场参与一定的实际工作,以获得有关知识和技能的教育组织形式。这种教育组织形式有利于巩固和加深理论知识,有利于培养学生实际

[①]　选自刘晓红、杨建设、朱昌平、李庆武:《培养本科生物理实验"四种能力"教学模式的研究与实践》,载《实验技术与管理》,2008(12)。此处有少量改动。

操作和独立工作的能力。它是大学教育理论联系实际的重要环节。

大学的实习可分为教育实习和生产实习两大类。

教育实习又称课程实习,是指根据教育大纲的要求,组织学生到现场从事实际操作的学习组织形式。它的内容仅局限于所学课程要求的实习任务,与课程的课堂教学紧密配合。因此,它是一门课程或几门性质相近的课程的教育过程的组成部分,如法律诉讼模拟活动、躯体解剖、仪器设备的操作、样品分析等。它有别于综合性的生产实习。

生产实习是学生按照课程计划的要求到现场参加实践活动的实习。它的内容涵盖整个专业的知识,要求学生综合运用本专业所学理论来完成一定的生产任务,以获得相关的实际知识和技能。因此,它是整个专业教育过程的重要组成部分,如理工、文、农科类的业务实习,师范类的教育实习,医科类的临床实习等。

组织实习的基本环节为:

1. 准备。在进行实习之前,需要制定实习计划,联系实习单位或场所,准备必要的材料与设备。同时,由于实习是时间较长的较大规模的教育活动,为了使学生做好心理准备,一般还需要进行实习动员。

2. 指导。指导有两个方面:一是业务指导,二是思想指导。业务指导一般主要由接受实习的单位的指导人员负责,教师起辅助配合作用。教师的工作主要是引导学生运用理论知识解决实际问题,指导学生制定出较详细的实习计划和写好实习日记,并对学生实习情况进行检查,发现问题及时纠正。思想指导以教师为主,主要工作是在实习过程中进行思想教育和照顾好学生的生活,使学生严格遵守组织纪律、努力完成实习任务。

3. 总结。在实习结束时,老师要指导学生独立完成实习报告。

(二) 实习的模式

实习的模式主要有集中式、分散式、311 式、预就业定向培养模式等。

1. "集中式"实习

"集中式"实习是指由学院联系实习单位,学生自愿报名参加,学院统一组织派到实习单位的一种实习教学模式。目前,大部分高校的实习教学仍然在沿用"集中式"实习教学的模式。

"集中式"实习的优点是易于对实习生进行管理,便于贯彻落实实习任务目标,缺点是较难充分考虑学生个人的兴趣、特长及就业方向等,不能充分调动学生学习的主动性。

2. "分散式"实习

"分散式"实习是指按照实习教学计划要求,由学生自己联系实习场所,自己确定实习内容和制订实习计划,自己解决实习中遇到的工程技术问题或其他问题,以及自己管理自己,从而完成实习教学内容的一种实习教学模式。

"分散式"实习的实施步骤:

(1) 学生联系实习单位

学生带着学生证和学校的介绍信按照实习任务书的要求自己去寻找实习单位。

(2) 确定学生实习单位

为方便学校对分散实习的管理,学生找到实习单位后,在实习出发前需要提交"实习单位接收函"。

（3）成立实习小组

为了便于对分散实习进行管理，鼓励学生自发协商成立实习小组，一般3～5人为一组。

（4）召开实习动员大会

为保证分散实习顺利实施，教师在动员大会上向学生介绍实习目的、实习内容、实习要求，着重强调实习安全；要求教师、家长、学生和实习单位四方仔细阅读、理解实习安全保障协议，并在认可的协议书上签字。

（5）实习监控

在分散实习期间，教师保持与家长和实习单位的联系，随时掌握学生的实习情况。

（6）实习考核

"分散式"实习能充分锻炼学生的交际能力及处理各方面事情的能力，但不利于学校对实习生的管理，实习任务目标较难贯彻落实。

3. "311式"实习

"311式"实习指的是本科生前三年在校学习，第四年到生产单位培养，然后再回校学习一年的一种新学制。

实行"311"模式，学生可以带着在实习中发现的问题以及工作中的难点等在最后一年回到学校学习。这样可以增加学习的针对性和有效性，也可以提高毕业设计的质量和水平，并可以为毕业后的工作打好基础。

4. 预就业定向培养模式

预就业定向培养模式指的是这样一种实习教育模式，即在毕业的前一年，学校根据用人单位的需要制定专业课授课计划，本科生先在学校进行半年的专业理论课学习，接着在后半年到用人单位去进行顶岗实习和毕业设计，企业为实习生提供实习和设计条件，配备固定师傅指导实训，顶岗实习、定期轮换岗位；学院为实习生配备指导教师，与校外指导教师共同指导学生的生产实习和毕业设计。

例 3

某大学热动专业的实习[①]

　　某大学的动力工程系从热动专业的本科班中分出一个电厂班，该班第七学期在校内针对该电厂600 MW机组开设专业课，在第八学期进行实践教学。第八学期的前3周在校内进行电厂仿真实习，使学生对电厂运行方式有了初步掌握；然后到该电厂搞生产实习和毕业设计。学院与该电厂签定联合培养协议，学校配备有电厂工作经验的教师作为其指导教师，该电厂又配备有工作经验的工程师作为其师傅，实习和毕业设计同时进行。学生在实习中做毕业设计，设计题目和内容都是结合该电厂技术改造项目而做的。由于是解决该厂实际问题，师生都很努力，做了大量工作，设计成果为电厂技术改造提供了很有价值的方案，学生收获很大。该设计小组被省教委评为优秀毕业设计团队。

---

① 选自潘效军、王毅林、吴强、朱军、徐辉：《工程应用型本科院校生产实习有效途径探索》，载《南京工程学院学报》，2006，(2)；秦春节、黄中原：《机械工程及自动化专业生产实习的改革》，载《实验室研究与探索》，2006(5)；邵兴国、王滨、张浩：《高校生产实习存在的问题及对策》，载《石油教育》，2000(9)；宋玉强：《工科本科生分散实习教学模式研究》，载《石油教育》，2008(1)。此处有少量改动。

六、参观

参观是组织学生到相关现场进行观察以补充课堂所学知识的教育组织形式。

参观一般是配合某一门课程进行的,其作用是为学生提供实地观察的机会,扩大学生的眼界,激发求知欲或接受生动的思想教育。

参观可分为准备性参观、并行性参观和总结性参观。准备性参观是学习新知之前组织的参观,旨在帮助学生获得相关感性认识。并行性参观是与讲授相结合的参观,帮助学生理解所讲授的知识。总结性参观是在学完新知后进行的,目的在于验证巩固新知。

组织参观的基本环节是:

1. 准备。在正式参观前,要选定参观单位或场所,教师一般还需要事先了解参观地的情况;制订参观计划,包括参观的目的任务和要求,参观活动的步骤,应注意的事项和应遵守的纪律等。参观之前,一般也需要简单的动员和组织工作,并向学生交待参观的主要内容和活动顺序。

2. 指导。在参观过程中,教师要指导学生观察关键内容并做必要的笔记。如果条件允许,可以邀请技术人员进行讲解,教师可做必要补充。

3. 总结。在参观结束后,教师要对参观情况进行总结和概括,如果有必要,还要指导学生整理材料,写出参观报告,以深化认识。

七、指导论文或设计

指导论文是指指导学生进行理论性研究与写作;指导设计是指指导学生进行工程技术性设计。一般来说,工科教育要求搞设计,包括课程设计和毕业设计。工科有的专业还要求在课程设计和毕业设计的基础上撰写出学年论文和毕业论文。其他各科则规定撰写学年论文和毕业论文。

论文或设计是学生在教师指导下,运用一门课程或几门课程的知识来解决综合性问题的一种教育组织形式。

学年论文或课程设计是在学生学完课程计划规定的某一专业基础课程或专业课程后进行的。对于四年制的大学本科学生来说,这项活动一般开始于三年级,有时可提前到二年级。实际上,它是在日常作业的基础上进一步提高了要求的大作业,旨在培养本科生运用一门课程或几门课程的知识和技能独立解决实际问题的能力,目的是使他们接受到科学研究或工程设计方面的初步训练,为毕业论文或毕业设计打下基础。

毕业论文或毕业设计是在学生已经掌握全部专业理论知识和技能后进行的,一般安排在最后一学年或学期。它是专业学习的总结性作业,旨在培养学生创造性地运用本专业的知识和技能解决实际问题的能力,使他们接受到科学研究或工程设计方法的全面训练,是学生从学校过渡到独立工作环境的环节。因此,毕业论文或毕业设计的要求应比学年论文或课程设计更高。

论文或设计过程的基本环节为:

1. 选题。一般要求每个学生的选题各不相同。有时也会有几个学生合作完成一个较大课题的情况,但每个学生应当分别负责相对独立的不同部分。课题由教师提出,或学生先提出课题,后经教师同意确定。教师必须根据教育目标的要求和学生的实际水平审定课题。课题要紧扣所学课程或本专业的知识范围,有一定的实际意义,并且难易适当。

2. 指导。在学生写作论文或进行设计的过程中,教师的主要工作是业务指导,比如向学生指明论文或设计的目的和要求,介绍主要参考文献,指导学生制订论文写作计划或设计计划;审定学生的论文或设计提纲,督促检查学生的进度,如发现问题则及时提供帮助;最后还要审阅论文或设计。在指导过程中,教师的工作主要是引导学生的思考方向和研究方法,而不宜过多地为学生解决具体问题,以培养学生独立思考、独立工作的能力。

3. 总结或考核。论文或设计完成后,教师应进行审查和成绩评定。如果是毕业论文或设计,一般还要组织学生答辩,按答辩的程序和规则对学生的毕业论文或设计进行质询和成绩评定。

前面介绍了高等教育实施过程中的一些常见的组织形式。每种组织形式既有各自特殊的作用,又相互密切联系和配合。没有一种教育组织形式是万能的,仅仅依赖一两种教育组织形式不可能全面完成教育任务。在实际的教育工作中,常常以某种教育组织形式为主,其他教育组织形式与之配合、补充。

一般来说,选择教育组织形式需要考虑如下因素:一是培养目标,二是教学内容,三是学生的情况,四是学校的教育条件。

教育组织形式是不断发展的。社会的进步,特别是教育理论和教育技术的发展,常常会引起教育组织形式的变革。

第五节　教育信息形式的优化

课堂教学是一个不断传递教育信息的过程,这种信息在传递时可以表现为各种形式。教育信息的形式主要有三类:语言、符号、模型(或音像、实物)。

教育信息形式的优化是指在教育内容不变的前提下,适当地选择或改进教育信息的形式,使受教育者能够以最少的时间和最小的精力掌握这些内容,达到预定的教学要求。

在教育信息的传递中,之所以有优化现象,即之所以存在着某种信息形式比其他信息形式传递效果更好的现象的原因,主要有以下两方面:

一方面是教育内容本身的原因。

我们都知道,教育信息是用来表达教育内容的,不同的教育内容,往往对信息类型有着不同的要求。也就是说,有的教育内容比较适合用某种信息形式来传递,有的教育内容比较适合用另一种信息形式来传递。

另一方面是由受教育者本身(主要是大脑内部)对信息接收和加工的机理所决定的。

受教育者对信息的接收和加工,实质上是相应的信息接收器官和加工器官活动的结果。这种活动是要消耗时间和精力的,并且接收和加工的信息量越大,这种活动所消耗的时间和精力也就越多。我们已经知道,人的大脑实际上是一部信息加工机器。这部机器的运转,是由大脑内部的控制系统控制的。在相当多的信息等待处理时,大脑内部的控制系统一般会对不同的信息在处理上给予优先级,优先级高的信息先处理。这种现象在日常生活中是很常见的。比如,如果同时有许多人对我们讲话,而我们又不能同时注意这么多人讲的话,我们应当选择注意听谁的呢? 一般地说,我们肯定会优先注意有权威的、不熟悉的人所讲的话。这就是人脑在信息处理时的优先级现象。这种优先级现象是由大脑中对信息加工过程进行控制的系统来实现的。

一、语言

语言是主要的教育信息形式,它在教育过程中应用最为广泛。这主要是因为语言特别适合描述人的心理感受、理论和观点等。

在教育过程中,对语言有如下要求:

1. 规范

语言在语音、语法、修辞、写法等方面有通用的规则和标准,这就是语言的规范。只有语言规范才能避免歧义和误解。教师在使用语言时,应注意防止语病,讲授力求逻辑严密、思路明晰、语意连贯,不过度重复,不颠三倒四,不模棱两可。

2. 简明

简明即言简意明。简明的语言一方面可以提高教师传递知识的效率,另一方面可以节约学生接受知识的时间。

在用语言讲授时,首先要做到用语简洁,让学生对教学内容的基本结构和重点内容有清晰的印象。讲授要紧密围绕主题,突出重点难点,抓住中心内容,抓住关键问题,精要地说明和解释。

为了做到这一点,教师在课前要认真备课,对教育内容的重点与非重点、难与易、详与略做到心中有数,对如何使用语言要做充分的准备或设计。

其次,简明要做到意义清楚明白,通俗易懂,用浅显的语句讲授知识,不用深奥冷僻的词语,少用缺乏亲切感的书面化表达。如果教师使用结构过于复杂、外文化的长句,或者生硬的书面语,学生很难在听讲的瞬时领会其意义。另一方面,由于口头语言对于听觉来说是稍纵即逝的,所以只有瞬间可懂的语言,才能使学生在听课时做到听、看和思维的同步进行。

3. 语音清楚

在讲课时,教师应该使用普通话,发音正确,音量和速度适中。

讲课语言的发音应当干脆利落,不拖沓反复。如果讲课常带有"嗯嗯啊啊"、"这个那个"等口头禅,会显得拖泥带水,使学生生厌,影响教授效果。

4. 语调节奏优美

语调是指讲话时声音有高低起伏的变化;节奏是指语速快慢、声音长短的变化。声音抑扬顿挫,富有节奏和韵律,可以带来听觉美感,从而吸引学生的注意力。此外,还可以用语调变化来表现内容是重点还是一般。例如,对于一般内容用正常速度讲授；而讲到重要内容时，可以减慢语速或提高声调，从而使学生感到这一部分与其他部分不同。

在编写课本时，也有语调和节奏优化的问题。如果运用得好，也可以提高学生的学习效率。我国古代的初级教材和民间口头教育都曾采用这种方法来提高学习效率。比如"人之初，性本善。性相近，习相远"、"冬无雪、麦不结"等等。

语调和节奏的优化，在实际工作中容易做到，因为并不需要增添任何技术设备，只不过在表达方式方面多加一些考虑而已，但其作用却是十分明显的。根据艾宾浩斯（Ebbinghaus, H.）的研究，诗歌的韵律、节奏等可节省记忆者90％的精力。

遗憾的是，如今的教学却反而不大注意采用这种行之有效而无需额外投资的优化方法。大量的毫无节奏、毫无韵律的教育内容，极大地增加了学生的学习量。

5. 生动

生动是指在表达教育内容时，尽可能选择有表达力、有感染力及与众不同（比如幽默）的语句。这样会使学生印象深刻，提高其理解和记忆效果。

例如，"物必自腐而后虫生"比直接说"自身修养很重要"更能使人深刻理解自身修养的重要性，因为后者在表达上太平淡。再比如，在广为流传的英语教材 *New Concept English* 中，为了表达"戒烟是困难的"这个实质内容，课文巧妙地借某人之口表达成"再没有比戒烟更容易的了，因为他本人已经戒了多次了！"这句话初听起来使人迷惑，继而令人捧腹，进而使人深刻理解了戒烟之难这个实质内容，从而牢牢地记住了它。

例 4

《百家姓》巧用押韵帮助记忆

我国曾长期流传的初等教材《百家姓》，十分注意利用汉字读音的押韵来帮助记忆。下面是《百家姓》的片段：

赵钱孙李　周吴郑王
冯陈褚卫　蒋沈韩杨
朱秦尤许　何吕施张
孔曹严华　金魏陶姜
戚谢邹喻　柏水窦章
云苏潘葛　奚范彭郎
鲁韦昌马　苗凤花方
俞任袁柳　酆鲍史唐

上面共 64 个姓，如果把这 64 个姓氏顺序打乱，不分组，也不用押韵方式排列，就很难记忆，读者可以进行比较：

冯褚曹尤戚陶谢姜吕施张沈韩卫许金蒋何严喻柏窦章李魏水陈赵钱杨云苏华邹奚马韦葛潘鲁孔朱任昌范俞彭袁苗鲍花唐秦柳郎凤周方吴郑史王酆孙。

二、符号

严格地说，符号就是人们在意识交流时所采用的信息的抽象形式，因此文字、数字、口语等实际上都是符号。但这里所说的符号仅仅指视觉的符号,而且不包括文字,主要是数学符号、物理符号、化学符号、音乐符号、图形表格等等。

在使用符号这一教育信息形式方面,比较著名的例子是苏联教师沙塔洛夫(щаталов,B. Ф.)的"纲要信号法"。这里转述他的一个教学实例。

1789 年,在俄国与土耳其的战争中,发生在雷姆尼克河畔上的一次战役。100 万土军将俄国的盟军 18 万奥地利军队团团围住,但却没有注意到距离较远的俄军的动向。苏沃洛夫将军乘敌不备,日夜兼程,以 7 万骑兵迂回袭击敌人的侧翼和后方,使土军溃不成军。

沙塔洛夫的纲要信号如下图所示。

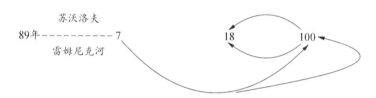

"这里只用了二十个左右的符号,就把一次战役的演变标示出来,加深了理解,增强了记忆,激发了兴趣,从而使提高学习质量和减轻学生负担这个矛盾的两个方面有机地协调起来。"

例 5

沙塔洛夫的
"纲要信号法"

在使用符号时,要精心设计,并且要注意如下几点要求:

1. 规范

使用的符号要准确,讲究规范。在某个特定的学科领域中,符号往往是由于人们经常运用而约定俗成的,如批注符号、运算符号,以及音乐、物理、化学、地理等各类学科的符号。它是有通用标准的信息形式,教师必须注意标准,不要随心所欲地自行创造或错用,以免造成混乱和误解。

2. 简明

使用符号的主要目的是使信息形式简单化。因此,使用的符号要少而精。如果符号数量过多过滥,就会增加学生理解的难度,反而影响教育效率。

3. 系统

在教学过程中,符号之间或者符号与文字之间往往互相配合,因此要注意符号之间,以及符号与其他信息形式之间的结构和系统性,从整体上提高教育效率。

4. 清晰

符号的视觉形式要醒目、有规则、美观,即笔迹清楚、排列整齐、大小适当,使学生一目了然,留下鲜明深刻的印象。

在教学过程中,为了提高学习效率,还可以使用一些文字充当符号,来代替学生已经熟悉的内容,这样可以使学生节省信息加工量,从而提高学习效率。

按照威信的产生原因来划分,威信可以大致分为地位威信、才能威信、资历威信、人格威信、情感威信。

1. 地位威信

地位威信来自于某种支配实力。比如,单位的领导由于可以决定本单位职工的工作安排,所以大家往往对这些领导"惧怕三分",这就是一种地位威信。

由于职权在本质上就是一种支配实力,所以具有一定职权的人往往有一定的地位威信。

2. 才能威信

才能威信是个体因其某种才能而具有的威信。由于威信来自于人们对人与人之间关系的认识,而当某人具有一定的才能时,就会在人与人之间的关系上形成一定的优越性。这时,具有某些才能的人就对其他人具有一定的影响力。

3. 资历威信

资历威信是个体因其经历和阅历而产生的威信。

资历威信产生于大家对某人的业绩或者经历的认可。长期从事过某项工作的人、经历过某种危险环境而能够生存的人、较早地在某方面做出成绩的人(也许这种成绩与后人相比并不突出),都具有一定的资历威信。一些老将军、老科学家、老艺术家、老干部等都具有一定的资历威信。

4. 人格威信

人格威信是由于言行受到大家的赞赏而产生的威信。

人们往往对别人的言行内容和方式有喜恶倾向,某些言行会受到赞扬,而另一些言行则往往受到厌恶。而人们究竟赞同哪种言行,厌恶哪种言行,则与人们的思想观点有很大关系。在一定的社会中,人们所持的思想观点往往有一定共同性。这样,如果某人的言行内容和方式与大家的要求相一致,就会产生一定的威信,这种威信就是人格威信。

5. 情感威信

情感威信是由于人与人之间存在某种情感而产生的威信。这种威信的产生原因是,如果人们在感情上依恋某人,就会设法满足其要求,设法使其欢乐,这样满足其要求的行为就会成为一种服从,由此此人就有了情感威信。比如人们对于恋人的要求一般都会满足,一些老人对孙子孙女的要求也往往设法满足,这都是情感威信在起作用。

如果直接要求学生记住这五种威信,学生可能很难在较短的时间内达到要求。但是,如果教师要学生先把"地位威信、才能威信、资历威信、人格威信、情感威信"读熟,然后把这五种威信的名称第一个字按顺序编成口诀:"地、才、资、人、情",反复读这五个字,就很容易把这五种威信记住,甚至还记住了这五种威信的顺序。

---

①　选自孙绍荣:《管理原理探索》,中国科学技术出版社,1999 年版。

三、模型、音像和实物

模型是对客观事物的信息模拟,音像是指对客观事物的信息复制,实物是客观事物的原形本身。

教学中常用的模型包括物理模型、图示等。模型往往突出反映原形的主要特征,剔除了非主要特征。

模型、音像和实物都是具体的(非抽象化的)信息形式,在理工科教学中运用较多。与语言、符号相比,它们都具有直观性、生动性的特点,有利于学生直接观察事物的特征,获得深刻的印象和正确的感性认识,但在概括水平和表达抽象的知识方面则不如语言和符号。如果运用不当,还会分散学生注意力。因此,教师运用模型、音像和实物进行教学时,要注意以下几个方面:

1. 简洁

德怀尔(Dwyer, F. M.)1967年曾发表了一个实验,被试分成四组,学习心脏解剖结构。四组人分别看四张不同的心脏图:第一组在屏幕上看到心脏各部位的名词,第二组看到心脏各部位的轮廓图,第三组看到心脏各部位的详细图,第四组看到心脏的照片。结果发现,看到心脏各部分轮廓图的第二组,由于"消除了无关特征"而获得了最佳的学习效果。这个实验充分说明了模型的简洁化(本例为轮廓图)在提高教育效率方面有重要作用。

2. 与讲授相配合

展示模型、音像和实物时,教师应当给予必要的启发与辅导,而不应当简单地让学生自己看,听之任之,以免学生陷入"看热闹"的状态。显然,展示要与讲授紧密结合,通过讲授可以使学生明确展示的目的、观看的先后顺序和方法,可以及时解释学生一时没看懂的地方,可以启发学生积极思考,从而使学生掌握事物的本质特征。值得注意的是,讲授不应当过多地讲细枝末节,而应当抓住关键问题,作精要的讲解、指点,通过分析、对比、归纳、综合等方式,引导学生边看、边听、边想,促使学生从事物的直接感知上升到本质的认识。为了充分发挥模型、音像和实物的作用,做好引导工作,教师应事先考虑好如何利用模型、音像和实物,明确展示的目的、重点、步骤、必要的讲授内容等。

3. 讲究展示的方法

所指位置要准确,并组织全体学生统一看所指部位以使学生形成正确的认识和集中注意力。展示时间应恰当把握,不宜提早也不宜推后,不可太长也不可太短。早了会分散学习者的注意力,晚了则收不到预期的效果,长了会影响教学进度,短了又不利于学习者掌握。模型、音像和实物的外观要大小适当,形状美观,色彩鲜明,突出或放大需要认真观察的部分,使学生看得清楚明白和集中注意力。展示物数量不宜太多,过多非但收不到好的教学效果,还会削弱学习者的兴趣,破坏课堂纪律。展示物用完后要移开,以免影响学生听课的注意力。

四、信息形式的选择

信息形式的选择是指为了提高教育效果而有选择地采用某种信息形式的问题。比如,是采用人工信息(语言或数学符号)还是采用自然信息(如实物),是采用听觉信息

(如录音)还是采用视觉信息(如图片)等。对信息形式类型的选择主要取决于教育内容的特点。

根据辩证唯物主义原理,形式与内容是密切联系着的。所以,对于属于信息传递过程的教育来说,某些教育内容适于用某种信息形式,而另一些教育内容则可能适用于另一种信息形式。

比如,对于人物事件的描述或对人的主观感受的说明,语言讲述比较合适;而对于抽象的内容,数学符号、逻辑符号就比较适用;但如果让学生了解机器构造,则用语言描述就远远不及模型、音像或实物展示的效果好。在进行美学内容的教育时,对信息形式类型的要求更高,音乐课只能以听觉信息为主,美术课只能以视觉信息为主,这是不能有丝毫含糊的。

在历史上,夸美纽斯(Comenius, J. A.)、裴斯泰洛齐(Pestalozzi, J. H.)等人都强调教育要尽可能地直观,在中国现代的教育学课本中还有一条"直观性原则",这对于某些教育内容来说(比如与具体物质或自然现象有关的内容)无疑是正确的。但对于另一些内容,比如几何学中只能抽象理解的点、线等概念,则应以抽象性为着眼点。因此,为了提高教育效果,必须坚持根据教育内容来选择信息类型的原则,而不能脱离教育内容而一味地侧重某种单一的信息形式。

第六节　教　育　模　式

一、与教育模式有关的概念

1. 接受与发现

在这里,接受与发现是两种学习方式。接受是指教师把学习内容以定论的形式呈现给学生。发现是指学习的主要内容不是由教师直接提供的,而是在教师指导下学生自己动脑思考得出的。

这里要提及的是,不要用教育信息的形式来判断学习方式是接受还是发现。接受学习不仅能通过言语讲述实现,也能通过展示模型、试验演示等其他信息形式实现。而在教师用语言讲述的情况下,如果不是把结论直接告诉学生而是引导学生思考,学生的学习就是发现式的。

接受是传授文化科学知识的一个主要手段。这是因为在教师直接提供结论的情况下,学生学习知识所花费的时间和精力比由学生自己去发现它要节约得多。但是,学生如果在发现中学习,则对所学内容的理解和记忆效果都比较好。可见,接受与发现的关系应当是互补的,不应偏废哪一个。

对于重点内容,由于需要加深理解,就应当采用发现式学习。而对于一般内容,由于需要考虑教学速度,则应当用接受式学习。如果无论巨细均要学生去"发现",则学习效率太低。反之,如果一味地"接受",学生也无法在重点内容上有较深的印象。只有这样看待接受与发现,才不会过于偏颇。

2. 学与思

学是指读、看、听等运用感官进行观察的活动,思是指运用大脑进行思维。

显然,学和思的活动都可获取知识,都是学习必不可少的环节。不过,"学"与"思"处于学生学习过程中的不同阶段:"学"处于初级阶段,在这一阶段,人们通过耳、眼等感官,体验到初步的知识;而"思"则处于较高级的阶段,人们在这个阶段运用大脑对已经得到的初步知识进行理解、分析,得到较为深刻的知识。

学与思有着互相补充的关系。这表现为:其一,互相依存。仅有"学"而无"思","读书而不思考,等于吃饭而不消化",①就仅能学到一些浅显知识而无法深入。反之,如果只"思"而不学,则思考就失去了对象和原料,也就无法得出有益的结果。"吾尝终日不食,终夜不寝,以思。无益,不如学也。"②其二,互相促进。"学"为"思"提供原料,而"思"中出现的疑难又可使"学"成为更有针对性的、更有效的活动。

3. 主动信息与被动信息

被动信息是指由环境自发地提供的信息,即不是由学生作用于环境后引发的信息。

主动信息是首先由学生先作用于环境后引发出来的信息。比如,敲击铁块,人会发现铁是很坚硬的;吃一口梨,才知道它味道很甜。这些信息,如果没有人首先作用于环境的肌体活动,只是静静地等待,是不会接受到的。

必须指出的是,主动信息与被动信息的分类只是相对的。实际上,人们在接受信息时,总有一定程度的对环境的作用,只不过这种作用的强弱程度不同而已。所以,在日常生活中才有"抬头看"、"侧耳听"之类的说法。绝对静止的接收信息的现象即使有,在学习中也难以发挥主要作用。

许多教育学著作都重视活动在学习中的作用。其实,外部活动(指人在学习时表现出来的对环境的操作)在学习中的独特作用就是开发主动信息,使人在力所能及的范围内得到较多的知识。如果没有活动,有些信息就无法从环境中发出和被学生所接收。就像人如果从未伸手摸过火光,就无法感受到火的灼热。

二、国外几种教育模式

教育模式是某种教育思想和具体方法、步骤和程序等有机结合,当这种结合体现出某些较稳定的特点时,就构成一种具体的教育模式。

例如,人们常说的传统教育模式,就是以传统的教育思想和以此为指导所形成的教育方法所构成的整体。

教育模式可按其指导思想的侧重点的不同分成许多具体类型,但总体上可分为如下两个大的类别。

(一)过程控制型教育模式

过程控制型教育模式,关注学生的行为状态的变化过程。因此,教师需要努力控制学生状态的变化过程和步骤,使其合理化。下面,我们介绍几种历史上曾经出现过的过程控制型教育模式。

---

① 曾钊新:《试论教学中的道德调节》,载《教育学文集·教学(上册)》,第143页。
② 孟宪承等:《中国古代教育史资料》,人民教育出版社,1961年版,第79页。

1. 夸美纽斯的教育过程模式

夸美纽斯(Comenius, J. A.)是 17 世纪捷克的著名教育家。他的主要贡献在于提出观察是教育过程中学生的最初状态,即学生在教育过程中必须从观察开始,并认为教育应经历四个步骤:观察、记忆、理解、练习。[①]

2. 赫尔巴特的教育过程模式

赫尔巴特(Herbart, J. F.)是 19 世纪德国的著名教育家,他提出在教育过程中学生的状态变化步骤为:明了、联想、系统、方法。

其中,在明了阶段,学生要集中注意力;在联想阶段,学生要把在明了阶段所学得的观念与以前的旧观念联系起来;在系统阶段,学生要对所学的内容加以理解,得出结论;在方法阶段,学生要把系统化了的知识运用于实际,去完成各种练习。

3. 杜威的教育过程模式

杜威(Dewey, J.)是 20 世纪初美国的著名教育改革家。他以"从做中学"为基本原则,提出在教育过程中学生的状态变化步骤为:面对一个真实的情境;在这个情境中产生问题;利用已有的知识进行观察;想出解决问题的方法;检验所想出的方法。

杜威教育过程模式的特点是重视让学生通过活动来开发主动信息并充分思考,提出问题和解决问题,这对于培养专门人才的高等教育是非常有意义的。

4. 程序教学

程序教学是美国学者斯金纳(Skinner, B. F.)于 20 世纪 50 年代提出来的。

这种教育模式的实施过程是,先将教材按其内容顺序以填空、选择等排列成问题序列,学生从头开始逐个解答,如答对则进入下一问题,答错则重新学习原有内容,直至答对再进入下一问题。

这种教育模式可利用书本实现或利用电子计算机实现。用书本实现的称为课本式程序教学,用电子计算机实现的则称为电子计算机辅助教学。

程序教学与前面所述的各种教育过程模式不同的是,前面所述的各种教育模式中的过程步骤与进度主要是由教师决定的,而程序教学的进度则主要是由学生自己决定的,即学习成功与否的反馈信息决定了学习是否进入下一步。所以,这种教育模式有利于照顾学生的个别差异。

5. 掌握学习

掌握学习是美国学者布卢姆(Bloom, B. C.)于 20 世纪 60 年代提出来的。

布卢姆反对学习成绩按正态分布的观点,认为只要学生能够明确教学目标,具备掌握该项学习任务必备的知识、技能,肯花时间,则绝大多数人都能获得良好的成绩。

因此,他认为在学生学习了一个单元的内容之后,应立即进行测验,这种测验他称为"形成性评价";然后让尚未掌握学习内容者进行矫正性学习;之后再对这些学生进行测验,这种测验称为"平行性测验",如达到要求则转入下一阶段的学习,如达不到要求则仍然进行矫正性学习。最后,各单元按上述学习过程结束后,再进行最后的测验,布卢姆称之为"总结性评价"。

---

① 王策三:《教学论稿》,人民教育出版社,1985 年版,第 135 页。

掌握学习的特点是以教育目标作为依据,以学生所达到的程度这一反馈信息作为学习过程控制的基础。这种控制模式与程序教学有许多相似之处,但程序教学以自学为主,而掌握学习则主要是教师根据反馈信息来调节自己的教育活动。就学生的受控制程度来说,在掌握学习中学生受到的控制较多,而在程序教学中学生的自主权更大一些。

6. 先行组织者

先行组织者简称组织者,是美国教育心理学家奥苏伯尔于 20 世纪 60 年代初提出的一个重要术语。

先行组织者是指在教学正式内容之前给学生呈现的一种引导性内容。大量实验研究证明,学生认知结构中原有知识与将要学习的新知识之间只有存在一定的联系,学生才能有效地学习新知识。先行组织者实质上就是旧知识与新知识联系的中介与桥梁,旨在帮助学生理解新知、促进学习的迁移,防止学生因旧知与新知不关联而削弱学习的有效性。

(二)状态控制型教育模式

状态控制型教育模式,主要关注学生是否达到良好的学习状态,并把建立这种学习状态作为提高教育效果的基础。

在历史上出现过多种状态控制型教育模式。

1. 奖罚式

这种教育模式历史悠久。两千多年前的中国教育著作《学记》中就称:"夏楚二物,收其威也。"著名德国教育家赫尔巴特也主张惩罚威胁是管理学生的有力手段。

这种教育模式主要是一方面在学生建立良好的学习状态时给予奖励,另一方面,如果学生不愿或不能进入良好的学习状态时,就用各种方式惩罚之。历史上比较常见的方式有口头批评或责骂、罚站或罚跪、饿饭、痛打等等,其中用教鞭或戒尺打手为中外最常见的惩罚手段。

这种教育模式的实质是依靠外部压力迫使学生进入良好的学习状态。随着社会文明的进步,在教育过程中尊重人等思想的兴起,中外都力图改革这种有违现代法治伦理的教育模式,倡导依靠学生的内在动力来建立良好的受教育状态,带来各种新的控制状态的模式。

2. 非指导性教学

非指导性教学(nondirective teaching)是美国的罗杰斯(Rogers, C. R.)于 20 世纪 50 年代提出的。他的"非指导性"的意思是要改变传统教育中那种教师居高临下的"指导"气氛,因为在这种气氛中学生容易处于被压制的状态,不利于他们主动地学习。

在非指导性教学过程中,师生处于平等的地位,学生更容易感受到努力学习的责任,主动地调整自己以便更好地学习。在这种"非指导"的平等气氛中,学生在传统教育中容易产生的抵触情绪没有了,教师的建议更容易被学生接受。在这种教育模式中,教师的任务是首先建立起"非指导性"的气氛,并在这种状态下进一步调节学生的活动,从而完成教学任务。

3. 合作教育学

1986 年 10 月 18 日苏联《教师报》根据七名教师的座谈结果而提出了这一概念,意思是把师生关系理解为平等的合作关系。

其主要内容为:反对压抑学生,要热爱学生、信任学生,做到师生真诚地合作,发挥学生的积极性和创造性,反对用分数和惩罚的手段强迫学生学习,应当给学生以成功的喜悦,让他们在成功中对学习产生兴趣。

由此不难看出,合作教育学的实质是反对用奖罚这一外在压力来控制教育状态,主张发挥学生热爱学习的内在动力,以此来作为建立良好学习状态的基础。

关注学生的状态并依靠其内在动力建立良好的学习状态,这在中外教育史上都有过记载。

例如,我国古代的教育家孔子就曾说过"不愤不启,不悱不发"。意思是,学生处于求懂而又未懂,想说而又说不出来的求知状态,是教师进行开导的最佳时机,足见孔子对学生自身的良好学习状态给予了高度重视。就连一贯主张靠严厉惩罚来控制学生学习状态的德国教育家赫尔巴特,也认为学生的学习兴趣对形成良好的学习状态有重要作用。我国开展的一些实验诸如"愉快教育"等,也大都立足于依靠学生的内在动力,而不是凭借传统教育中动辄奖罚的外在压力,来建立良好的学习状态。

4. 高难度教学

高难度教学是苏联教育家赞科夫(Занков, Л. В.)于 20 世纪 70 年代提出来的。他认为,传统的教育进度太慢,让学生反复地咀嚼已知的内容,导致学生们不动脑筋、精神消沉。因此,只要学生已经掌握了所学的知识,就要马上教给他们新的知识,以形成一定的挑战感,进而激发学习兴趣、强化注意力。

需要注意的是,对"高难度"要有正确的理解,这并非指越难越好,而是以学生通过智力上的努力能够克服障碍为限,是学生"跳一跳能摘到的桃子"。高难度的目的是要使学生产生思考的动力,激发学生的积极性。

与前面的各种状态控制型教育模式相比,高难度教学有一个最大的特点,这就是这种教育模式不使用专门的调节信息,而是利用教育内容信息兼做调节信息,即依靠有一定难度的教育内容信息,来使学生注意力集中、努力思考,形成良好的状态。

这就提醒我们,在教育控制过程中,不仅要关注如何使用专门的调节信息,还要注意教育内容信息对学生状态的调节作用。我们绝不能一方面千方百计用专门的调节信息去使学生建立良好的学习状态,而另一方面又无意中用单调乏味的教育内容信息使学生精神消沉。在教育实践中,有经验的教师大都通过合理地使用教育内容信息使学生在学习时如饥似渴,很少专门地使用调节信息来控制课堂。

5. 暗示教学

暗示教学是 20 世纪 60 年代由保加利亚的心理医生洛扎诺夫(Lozanov, G.)提出来的。最初在保加利亚试验和推行,后东欧、西欧、南美、北美各地都曾实验过这种方法。

这种模式要使学生达到的状态是,愉快而不紧张,无杂念干扰,服从权威般地、无对抗性地接受教育内容。所使用的调节信息有音乐、灯光、装饰、讲授教育内容时的语调和节奏等等。

与前面几种状态控制型教育模式相比,这种模式所达到的状态比较特殊,它要求学生几乎清除掉一切与学习无关的想法,进入一种半催眠的状态之中,无抵抗、无分辨地快速接受一切教育内容,从而提高学习效率。所使用的调节信息也比前面几种模式全面得多,包括了视觉的(光线、色彩)、听觉的(音乐、读教育内容时的语调和节奏)等等。

据说,在洛扎诺夫的试验中(主要是外语教学),教育效果较常规教学提高了30倍之多。可见,这种模式的出现,充分说明了调控学生状态的暗示性信息虽然不传递教育内容,但在提高教育内容的传递效果方面,其作用是巨大的,是不可忽视的。它同时也说明了作为一种有目的的活动的教育,教师在关注传授其内容的同时,也要注意控制信息,以求得较好的教育效果。

暗示教学法,主要是先用信息把学生的意识状态调整到最佳情况下,比如使学生建立对教师的信任感,在学习时感到安全和友好,使学生精神放松以集中精力、清除杂念、消除自卑和厌倦等等,然后再呈现学习内容的信息。而调节学生意识状态的信息根据其具体目的的不同有各种形式。例如旨在使学生精神放松的信息形式有:节奏缓慢的音乐、教室中的盆景、较暗的灯光以及教师的语言等等。

下面就是教师用于使学生精神放松的语言信息实例:[①]

想象在一个晴朗的夏日,你躺在松软的草坪上,望着美丽的蓝天,看着这万里碧空你感到非常放松,天上一丝云也没有,不过,在西边的地平线上,有一片小小的白云,它慢慢地飘来、飘来……那美丽的蓝天、美丽的白云深深地打动了你……你完全放松了,你为那小小的白云、美丽的白云而高兴……白云飘过来……现在它就在你头上……它现在环绕着你,你自己也变成了白云……完全放松、安宁……丝毫没有紧张……保持这种完全放松的感觉,准备今天的学习。

例 7

暗示教学法实例

不难想象,当教师以柔和而缓慢的声调来读这段语言时,学生的精神状态就会慢慢地过渡到一种忘我的境界中,这时如果呈现学习内容,则学生所注意的除了这些学习内容信息之外别无它事,学习效果大幅度提高就成为情理之中的事了。

下面,我们再介绍一下苏联科学院高级神经活动和神经生理学研究所实用生理学实验室工作人员C·基谢廖夫的快速外语学习实验。[②]

基谢廖夫打开一间专用房间的沉重的金属门,让被试进去。这是一个狭小的、蒙着吸音材料的房间,被试坐在一个很深的"飞机"沙发上。 　　基谢廖夫走出去了,响起关门的撞击声,被试处在一片沉寂之中。片刻后从看不见的扩音器里响起了轻轻的音乐声。忽然一个声音压过了音乐声,一个看不见的人的声音在慢慢地有感染力地劝诱道:

例 8

快速外语
学习实验

---

① 选自[美]唐纳德·H.舒斯特等著,景魁山等译:《轻松、高速、神奇——暗示速学法》,新华出版社,1989年版,第143页。此处有少量改动。
② 选自车文博:《意识与无意识》,辽宁人民出版社,1987年版,第52—53页。此处有少量改动。

　　——请您忘记时间……对您来说，外部世界已渐渐不再存在……只有您一个人在这个世界上……甚至我的声音也好像是您自己的……您要信任这个声音，它会把您引入一个神秘的、美好的世界……

　　被试半躺在软软的沙发里，渐渐地觉得，外部世界真的消失了，什么也不存在了，只有这轻轻的音乐声和平静的说话声。眼睛慢慢地闭上了，全身处于舒适的半睡眠状态。突然音乐好像急促起来，音乐的节奏变得明朗而有鞭策性。接着在室内深处展现了一个电影银幕。在银幕上一连串的词以不可思议的速度闪过。从左边的扩音器里发出响亮的声音，快读着：sleep，drink，……同时，从右边的扩音器中读出译文："睡、饮……"银幕上出现的词汇，扩音器里读出来，同时伴随着明朗的音乐节奏，室内出现各种各样的色阶。看来，在这种混乱之中，似乎不仅不可能记住什么，而且也不可能理解什么。银幕突然又消失了，扩音器也无声了。在一片沉寂之中他突然听到了似乎从他身上某处发出的一种惊人清晰的声音：sleep，drink，……当被试明白，他是多么清楚地知道这些词的意义时，他感到非常奇怪。因为，就在一刻钟以前，被试的英文程度还是绝对零分。

　　通过这些例子不难看出，这方面的研究潜力很大，一旦开发出一定的成果，对改变传统的十几年学校生活阶段，使学生在较短时间内完成学业，有着难以估量的意义。

第七节　本科生教学中的常见问题及对策

　　大学本科教育是高等教育体系的基础和主干层次，它注重学生知识、能力、素质等各个方面的培养，不仅为更高层次的教育机构输送优秀生源，而且为社会发展提供优秀的专门人才。

　　在本科教学过程中，往往有一些常见问题。为了提高本科教育质量，必须对这些问题进行分析和加以解决。

一、本科生教学中的常见问题[①]

1. 教学内容知识面狭窄

　　目前，学生在某一门课程的学习过程中，基本还是围绕一个教师、一本教科书。由于单个教师的知识往往有限，单本教科书的教学内容也有限，因此常常会出现学科教学内容的知识面狭窄的问题。

　　为了解决这个问题，教师要努力创建内容相对丰富的教学环境，让学生接触更加广泛的科学知识。同时，教师自身也要不断丰富和扩充自己的知识面，使自己的学术修养

---

① 张兴平：《关于提高本科生教学质量的几点启示》，载《教学改革广角》，2007(7)；付承志、黄兴奎：《新建本科院校大学物理教学中存在的问题及对策》，载《长春理工大学学报》，2010(5)；吕俊：《大学计算机信息技术教学中存在的问题与对策》，载《中国电力教育》，2009(21)；杨曼利：《本科会计教学中的问题及对策研究》，载《中国西部科技》，2009(8)。

达到广博专深的境界。

2. 教学内容陈旧

一些高校没有结合科学发展及时更新教学内容,使用的教材内容过于陈旧,有的甚至使用多年没有任何变更。

3. 教学理念落后

目前,仍然有一些教师只重视知识的积累而忽视知识的实际运用,忽视学生各方面能力的培养。

在这种教学理念下,学生往往过于被动地接受知识,学习的兴趣和积极性不强,难以形成独立分析问题和解决问题的能力。

4. 教学方法不科学

一些教师在教学过程中不注意学习心理规律,存在满堂灌现象,留给学生的思考与消化的时间太少,导致学生学习兴趣下降,教学效果较差。

此外,一些教师缺少提高和改进教学方法的热情,习惯于传统的讲授方法,不愿意尝试新的教学方法。

二、本科生教学中存在问题的解决对策[①]

1. 教师应当不断地更新、丰富自己的相关知识

作为一名大学教师,学术修养是终生的任务,要形成良好的读书和学习的习惯,关注有关学科的新的进展。

教师应在教材之外适当采用多种教学参考书。此外,教师还应该指导学生多读一些参考书、相关的科技论文等,掌握学科理论的发展动态。

2. 转变教学思想,更新教学观念

改变过去以教师为中心、以教科书为中心的传统教学理念,坚持以学生为中心、以教师为主导的新的教学理念。在教学过程中,要重点关注学生是否能够真正掌握知识,关注能否培养学生的创新精神和分析与解决问题的能力。

学生长期被动地接受知识,不利于提高其学习兴趣,从而影响教学效果。为此,教师必须设法调动学生的学习积极性,可以适当地让学生进行一些探索性学习。但由于这种学习方式占用时间较多,也不宜过多地采用。

3. 改进教学方法,优化教学手段

教师应当根据课程的特点以及学生的情况,选取合适的教学方法。近年来出现了许多教学方法,比如探索式教学、任务驱动型教学、项目驱动型教学、问题式教学、讨论式教学等等。其中有不少方法都对发挥学生的主动性和参与性、培养学生的创新精神和分析与解决问题的能力有一定效果。教师应当了解和能够运用一些被证明行之有效的新教学方法。这样,在特定的教学任务面前,教师可选择的余地才会比较

---

① 张兴平:《关于提高本科生教学质量的几点启示》,载《教学改革广角》,2007(7);周昂:《对大学英语教学中存在的问题的思考》,载《科技信息》,2008(30);高春玲:《浅析本科〈计量经济学〉教学中存在的几个问题》,载《问题研究》,2010(1);杨曼利:《本科会计教学中的问题及对策研究》,载《中国西部科技》,2009(8);张志颖、付申成:《浅谈大学物理教学中存在的问题》,载《长春理工大学学报》,2007(20)。

广阔。

　　此外,教师也应当根据课程特点选取合理的教学信息形式。如对于符号、公式和数字比较多的课程,运用传统的板书方式会比较好。因为,这样会给学生足够的时间去思考,使学生的思维能够跟上教师的讲授速度。而对于一些需要学生了解空间特征的或者听觉特征的课程,则多媒体设备更具有优势。

思考题

　　1. 在教学大纲和教科书编制过程中,需要遵循某些原则。请列举出这些原则,并加以简单论述。

　　2. 课堂教学是一个不断传递教育信息的过程,这种信息在传递时可以表现为各种形式。请列举出至少两种形式,并加以简要论述。

参考文献

　　1. 高鹏:《浅谈策划编辑在高校教科书编写中的主导作用》,《出版科学》,2008(5)。

　　2. 陈晓东:《教科书编写策略研究——以小学数学教科书为例》,《当代教育科学》,2009(10)。

　　3. 王小明:《教科书编写中的若干心理学问题》,《全球教育展望》,2005(11)。

　　4. 王振军:《本科生课堂讨论与教学效果的实证性分析》,《西安社会科学》,2009,27(1)。

　　5. 江一:《教授的幽默》,《新民晚报》,2002 年 1 月 27 日。

　　6. 刘晓红,杨建设,朱昌平,李庆武:《培养本科生物理实验"四种能力"教学模式的研究与实践》,《实验技术与管理》,2008,25(12)。

　　7. 潘效军,王毅林,吴强,朱军,徐辉:《工程应用型本科院校生产实习有效途径探索》,《南京工程学院学报》,2006,6(2)。

　　8. 秦春节,黄中原:《机械工程及自动化专业生产实习的改革》,《实验室研究与探索》,2006,25(5)。

　　9. 邵兴国,王滨,张浩:《高校生产实习存在的问题及对策》,《石油教育》,2000(9)。

　　10. 宋玉强:《工科本科生分散实习教学模式研究》,《石油教育》,2008(1)。

　　11. 孙绍荣著:《管理原理探索》,中国科学技术出版社 1999 年版。

　　12. 曾钊新:《试论教学中的道德调节》,见《教学(上册)》,人民教育出版社 1988年版。

　　13. 孟宪承等编:《中国古代教育史资料》,人民教育出版社 1961 年版。

　　14. 王策三著:《教学论稿》,人民教育出版社 1985 年版。

　　15. [美]唐纳德·H·舒斯特等著,景魁山等译:《轻松、高速、神奇——暗示速学法》,新华出版社 1989 年版。

　　16. 车文博著:《意识与无意识》,辽宁人民出版社 1987 年版。

　　17. 张兴平:《关于提高本科生教学质量的几点启示》,《教学改革广角》,2007(7)。

18. 付承志,黄兴奎:《新建本科院校大学物理教学中存在的问题及对策》,《长春理工大学学报》,2010(5)。

19. 吕俊:《大学计算机信息技术教学中存在的问题与对策》,《中国电力教育》,2009(21)。

20. 杨曼利:《本科会计教学中的问题及对策研究》,《中国西部科技》,2009(8)。

21. 张兴平:《关于提高本科生教学质量的几点启示》,《教学改革广角》,2007(7)。

22. 周昂:《对大学英语教学中存在的问题的思考》,《科技信息》,2008(30)。

23. 高春玲:《浅析本科〈计量经济学〉教学中存在的几个问题》,《问题研究》,2010(1)。

24. 杨曼利:《本科会计教学中的问题及对策研究》,《中国西部科技》,2009(8)。

25. 张志颖,付申成:《浅谈大学物理教学中存在的问题》,《长春理工大学学报》,2007(20)。

　　大学本科教学应根据课程本身的特点以及教学目标的要求选择采用不同的教学方法。积极探索新的教学方法,提高教学效果,是教师的重要任务。本章介绍了四种新的教学方法:案例教学、任务驱动型教学、项目驱动型教学和双语教学。

第一节　案　例　教　学

一、案例教学的概念

案例教学(case-based teaching)是指教师根据教学目标,以案例为媒介引导学生进行学习的一种教学方法。

案例教学法起源于 20 世纪 20 年代的美国哈佛商学院。当时采取的案例都是商业经营中的真实事件。通过案例教学,吸引学生主动参与讨论,效果颇佳。1986 年美国卡内基小组(Carnegie Task Force)提出《准备就绪的国家:二十一世纪的教师》(A Nation Prepared:Teachers for the 21st Century)的报告,其中特别推荐案例教学法在师资教育中的意义。1990 年后,中国教育界开始采用案例教学法。

目前,案例教学法在高等学校教学中应用得比较普遍。但这种教学方法主要适用于综合性、实务操作性课程。

进行案例教学需要具备如下条件:

1. 教师要具备一定的知识、课堂驾驭力、案例教学经验等,否则难以承担指导职责。

2. 学生必须具备案例分析所需的相关知识。

3. 教师需要为学生创造一种能够调动学生积极性、主动性的课堂气氛。

4. 采用的案例必须与教学目标相一致。

二、案例教学的作用

在大学本科教育教学中,案例教学是一种常用的辅助教学方法。

1. 案例教学生动直观,能够激发学生的学习兴趣,提高学习的主动性

案例教学都是以真实案例介绍内容,在教师的指导下,学生需要独立思考分析、作出判断。在这样的情况下,学生由原先的被动接受知识变为主动探索知识,不仅增加了学习的兴趣,还提高了学习的主动性。

2. 有助于学生将理论知识转变为实践技能

一般地说,学生很容易记住理论知识,但将理论知识转变为实践技能则不太容易。通过案例分析,学生不仅能加深和增强对理论知识的理解,而且有助于掌握解决问题的实践能力。

3. 能够培养团队合作意识

案例教学通常是先以小组为单位进行组内讨论,然后全班同学共同讨论。此外,在一些案例分析过程中,需要学生之间的合作乃至扮演不同的角色,这样就能培养学生的团队合作意识和能力。

4. 能够培养学生发现问题、分析问题和解决问题的能力

在案例教学过程中,往往需要学生独立查找资料、发现问题、分析问题并作出判断。因此能够锻炼和提高学生查找资料、发现问题、合作交流等方面的能力。

三、案例教学的分类

案例教学的基本类型主要有以下几种：

1. 实证性案例。指用具体实例来说明某种观点、原理或方法。这种案例主要有两种使用方式：一是演绎，即先讲清楚基本原理，然后用实例来说明；二是归纳，即先举出实例，然后在对实例进行总结的基础上归纳出基本原理。

2. 分析性案例。指事先向学生提供能够用某些知识进行分析的案例，让学生做好充分准备，然后在课堂上引导学生对案例进行分析、讨论，最后由教师进行总评。这种教学方法要求学生运用所学知识来分析现实问题，可以提高学生的分析能力。

3. 模拟性案例。指先将学生分成若干小组，各个小组根据教师事先设计好的模拟项目进行准备，然后各个小组参加模拟实践活动，最后由教师和学生代表组成的评判小组进行评定。这种教学方法，可以锻炼学生的组织管理能力、人际沟通能力和团队协作能力。

4. 调研性案例。指为了配合理论知识的学习，首先要求学生主动进行实地调查，取得有关资料，并整理成案例，然后进行案例分析，找出问题及其原因，提出解决办法，最后写成调查报告。这种教学方法，可以培养学生调查研究的能力、自主学习的能力和创新能力。

四、案例教学的实施步骤[①]

一般地说，案例教学的实施分为如下四个步骤：

第一步，组织准备。教师根据教学内容，结合学生的基本情况对学生进行分组，对该案例分析的重点、难点作简要概述，并指出应准备的相关资料和需要注意的问题。

第二步，组内分析与讨论。各个小组内成员根据搜集的资料进行具体分析、讨论，得出结论。然后，小组选出代表本组发言的同学。

第三步，组间分析与讨论。各个小组的发言人对本组的观点、结论进行阐述，然后各个小组之间在教师的指导下进行分析、讨论。

第四步，总结及讲评。教师对讨论情况进行总结和讲评。需要注意的是，教师不应简单地判断谁对谁错，而是应该对学生分析问题的思路进行点评，让学生在分析能力和解决问题方面有所提高。

五、实施案例教学需要注意的事项

1. 在案例讨论中，教师要注意掌握和引导讨论方向，注意培养学生的分析能力和运用科学知识的能力。

---

① 熊程：《案例教学探析》，载《科技情报开发与经济》，2009(19)；樊荣：《浅谈案例教学——以新闻传播专业为例》，载《西安欧亚学院学报》，2009(7)；李玉霞：《案例教学应用研究》，载《西安欧亚学院学报》，2009(7)；王培文：《浅议高校案例教学的原则及其功能》，载《中共郑州市委党校学报》，2009(1)。

2. 案例教学耗时较多,因此,选择案例要少而精,不宜过多。

3. 在分析案例时,学生需要具有一定的科学理论知识基础和分析能力。因此,除非是学习前的引导性案例,案例教学不宜在低年级采用。

第二节　任务驱动型教学

一、任务驱动型教学的概念

任务驱动型教学是将教学内容设计成一个或多个具体的任务,在教师的指导下,学生以任务为驱动,通过完成任务,来培养发现、分析和解决问题的能力,培养独立探索能力与团队合作精神的一种教学方法。

任务驱动型教学的关键,是成功地将需要学习的新知识隐含在各项任务之中,并且有效地引导学生对需要完成的任务进行分析、讨论与学习。

例如,在进行动态网页设计技术教学时,教师可以通过布置利用动态技术制作精美网页的任务,引导学生利用各种动态技术如动态字幕、横幅广告管理器、音频、悬停按钮、视频等动态网页设计技术完成作品。

任务驱动型教学能够有效地激发学生的学习欲望,提高学生的思维能力,培养学生的观察力和想象力。

二、任务设计原则

在进行任务驱动型教学时,任务设计是一个关键的环节,必须遵循一定的原则,才能收到良好的教学效果。

1. 目标要明确。教师要使任务的目标清楚明确,这样既便于教师进行指导和评价,也便于学生完成任务。

2. 与教学内容密切相关。教师所设计的任务,一定要与教学内容和目标密切相关,这样才能使学生通过完成任务,达到课程目标。

3. 为学生的自主发挥留有余地。在任务驱动型教学中,要使学生有机会考虑不同的解决方案,因此在设计任务时,如果教学内容不是专门传授某种方法,最好不要过于严格地限制学生完成任务的方法和过程。

4. 层次分明。由于学生的能力往往有一定的差异,因此在设计任务时,最好设计一些不同难度的任务。有的任务,其难度应当是所有学生都能完成的;另一些任务,则只有基础扎实的学生才能完成;还有一些任务,只有那些能力特别强的学生才能完成。任务的难度会影响学生的学习热情,任务太容易,就会缺乏挑战性,不能引起学生的兴趣;任务太难,学生又会望而生畏,失去信心。

5. 趣味性。任务驱动型教学法的优点之一,便是能够有效地激发学生的学习动机,使他们主动参与学习。因此,在任务设计时,需要重视任务的新颖性和趣味性,尽力避免那些机械重复的任务。

三、任务驱动型教学的实施过程①

首先,教师依据教学内容设计出各项任务;第二,学生按不同的任务组成各个研究小组;第三,在教师指导下,各个小组制订完成任务的方案,并由学生完成任务;第四,学生和教师一起对各个小组完成任务的情况进行评判,总结其不足和优点;第五,教师引导学生对所学到的知识进行归纳、总结、拓展,加深对知识的记忆和理解。

四、任务驱动型教学的应用实例②

本案例以《新视野大学英语》第六册第一单元(郑树棠总主编,外语教学与研究出版社 2004 年版)为例,说明"任务"的设计以及在研究生课堂教学中的应用。该课的中心任务是阅读"The Pursuit of Happiness"一文,培养学生的语篇归纳概括能力,增进学生对 happiness 的情感认识。

(一)课堂导入

任务一:要求学生通过小组活动阐述"幸福"的定义。

设计说明:教师引导学生阅读一段相关材料,然后分组讨论,激活学生对话题happiness 的兴趣;利用"头脑风暴"法,收集学生的不同"答案",让学生彼此分享观点,但教师不给答案,而是让学生带着以下问题,准备阅读,自然地进入新课。

(二)参与任务

任务二:要求学生略读课文并回答两个相关问题(问题略)。

设计说明:因为学生在阅读前就非常明确这一阶段的阅读任务,而且这两个问题牵动了对文章大意的整体理解。学生在任务的驱动下,在规定的时间内通过略读(或称寻读,scanning)等方式求证"答案",不仅使学生的阅读具有目的性,而且使学习过程具有一定的挑战性。

任务三:精读课文并完成相应图表(图表略)。

设计说明:通过完成表格任务,学生需要细读课文,提炼观点,使学生对整篇文章有深层次的了解,培养学生的归纳与概括能力。这一阶段也涉及学生的语言知识和技能运用,符合任务型教学中的"在任务环的一些点上应该有一个语言的重点"的教学要求。这一阶段属于语言输入阶段。

任务四:小组活动,利用上述问题和图表的提示,复述课文。

设计说明:首先是每个学生复述的 Task(可以先将发言提纲写下来),接着是小组内排练、挑选、准备如何在全班展示的 Planning(可以集中大家智慧从内容和语言上完善发言提纲),最后是选手向全班报告的 Reporting。这一步是语言输出阶段。

---

① 马桂东、马敏:《任务驱动型教学方法的实际应用》,载《科技信息》,2008(23);程新华:《任务驱动教学法与项目教学法辨析》,载《黄冈职业技术学院学报》,2009(11);徐肇杰:《任务驱动教学法与项目教学法之比较》,载《教育与职业》,2008(11);叶静飞:《"任务驱动型"教学探究》,载《中小学信息技术教育》,2008(2);杨盛泉:《简谈 C 程序设计课程的任务驱动教学方法》,载《计算机教育》,2010(06);宁凡:《基于"任务驱动型"的教学方法研究》,载《中国科技信息》,2007(15);李学相:《"基于榜样的案例教学法"的研究与实践》,载《计算机教育》,2006(2)。

② 选自李汉强:《基于"任务型"教学模式的研究生英语教学改革》,载《继续教育研究》,2009(4)。此处有少量改动。

（三）操练运用

任务五：再次浏览课文，了解课文结构。

任务六：分析和学习课文相关词组和句型结构。

设计说明：因为本文是一篇议论说理文章，文章是按 situation（背景）——problem（问题）——solution（问题解决）——evaluation（评价或结论）的语篇模式组织的。教师可引导学生按照此模式进行分析（analysis）和反思（rethink），列出篇章结构组织图，提高其语篇整体阅读能力。因为任务驱动型教学在强调培养学生语言运用能力的同时，也强调以语言能力为目的的语言知识教学，所以教师在引导学生进行语篇分析的基础上，还要聚焦语言重点，进一步回顾和巩固在前阶段所运用的与任务相关的语言表达形式，语言知识也尽量通过语篇或语境来学习，突出运用目的。这样，三个阶段互相连贯，各项任务相互依赖，服务和服从于整个单元的中心任务。体现了"任务导向"、"学生主体"、"教师主导"和"以语言运用为目的"的教学原则。有助于学生将学到的知识和技能转化为在真实生活中运用英语的能力，同时也有助于他们形成健全的情感、态度和价值观。

第三节　项目驱动型教学

一、项目驱动型教学的概念[①]

项目驱动型教学是将教学内容设计为一个完整的项目，在教师的指导下，学生以小组协作方式制订计划，团体协作完成整个项目，从而达到学习知识、培养分析和解决问题的能力以及培养团队合作精神的目的的一种教学方法。

项目驱动型教学方法的实践性较强，不仅能够使学生在完成项目的过程中获得相关知识和掌握技能，而且能够培养学生的创新意识、创新能力、团队合作精神和解决实际问题的综合能力。

二、项目驱动型教学的特点[②]

1. 开放性。与任务驱动教学法相比，项目驱动教学法的突出特点是开放性，即学生在完成项目的过程中，可以自由探索完成项目的各种方式、方法，学生有广阔的发挥空间。因此，在项目驱动型教学过程中，学生往往更需发挥自主性。

2. 综合性。在任务驱动型教学中，任务的内容比较单一，而在项目驱动型教学中，项目的内容则往往比较综合和完整。学生完成项目常常需要运用许多学科和专业的知识，也更需要学生具有相应的多方面的能力。因此，项目驱动型教学对学习的培养是多方面的，甚至还包括了学习能力、解决问题的能力和团队合作能力。

3. 实践性。任务驱动中的任务设计往往注重学科内容，而项目设计则更加注重社会需求，因此，项目驱动教学的内容往往更具实用性。

---

① 李燚琳：《浅析项目教学法》，载《内江科技》，2009(4)。
② 程新华：《任务驱动教学法与项目教学法辨析》，载《黄冈职业技术学院学报》，2009(11)。

三、项目驱动型教学的实施步骤[①]

项目驱动型教学一般分为以下几个步骤：

第一步，确定项目。由教师提出一个或数个可供选择的项目，然后与学生讨论，确定项目的目标。

第二步，制订计划。在教师的指导下，根据项目的目标，由学生组成的项目小组制订项目实施计划。

第三步，实施计划。确定每位学生在小组中的分工，实施项目计划。学生在实施计划过程中要准确、完整、客观地做好记录。

第四步，检查评估。一般先组内互评，然后由教师进行总评。

第五步，归档或应用。对于较有价值的项目实施结果，应该归档保留或应用到相关单位，也可以应用到今后的教学中。

四、项目驱动型教学案例[②]

(一) 实施步骤

1. 引导学生提出问题，确定项目

主要问题是，当前我国不少旅游景区盲目跟风，在并没有真正弄清"生态旅游"的涵义、原则及标准的情况下，匆匆冠上"生态旅游"之名开展名不副实的生态旅游活动。鉴于此，让学生根据所掌握的生态旅游知识，对被评为"全国生态旅游示范景区"的一些著名景区进行讨论和分析，找出它们存在的突出问题，以此确定其开展项目教学的活动内容和方向。

经学生讨论并统一思想后，将考察调研"全国生态旅游示范景区——某生态旅游景区"作为"项目"确定下来。同时拟定十项考察调研内容与任务，具体为"景区生态旅游资源特征"、"景区生态旅游产品开发现状"、"景区生态旅游景点开发设计"、"景区生态旅游活动项目设计"、"景区生态旅游线路设计"、"景区生态旅游商品设计"、"景区生态旅游营销方案策划"、"景区现有生态旅游景点生态导游词撰写"、"景区生态环境保护宣传与教育培训"、"景区与社区居民的矛盾及处理对策探讨"。要求每项任务由5人一小组合作完成，最后每小组提交一份考察调研报告或设计方案，同时制作PPT将考察结果和设想与其他小组进行交流。

2. 指导学生进行项目教学的相关准备工作

相关准备工作包括理论知识的准备及各种工具的准备。理论知识准备：要求学生复习强化生态旅游特征、原则、标准、规划、设计、管理等基础知识，同时到图书馆或上网查阅国内外生态旅游开发较成功的案例等。工具准备：要求学生根据自己的考察任务，准备必要的数码相机、录音机、笔记本等。

---

① 李燚琳：《浅析项目教学法》，载《内江科技》，2009(4)；程新华：《任务驱动教学法与项目教学法辨析》，载《黄冈职业技术学院学报》，2009(11)；王玉翠：《项目教学法在本科学科教学中的实践与思考》，载《职业时空》，2009(6)；李松：《在课堂教学中运用项目教学法的思考》，载《辽宁教育行政学院学报》，2009(4)。
② 选自王玉翠：《项目教学法在本科学科教学中的实践与思考》，载《职业时空》，2009(6)。此处有一些改动。

3. 引导学生制订项目实施方案

让学生针对项目内容与目标,制订切实可行的实施方案,包括具体的实施计划、安排、程序、时间及每个成员在小组中的分工以及各种突发和意外事件的应对措施等,为了让学生建构一个系统、全面的计划框架,要引导学生把总目标细分成一个个小目标,每个小目标体现在项目中的小模块上。

4. 指导学生实施活动过程

按照已制定的活动计划操作实施。第一步是实地考察调研。由于考察的对象是景区,且景区地处市郊,同时牵涉到景区接待工作及交通工具等具体事宜,所以第一次考察调研活动由教师带领统一前往。到达后,要求各小组根据小组既定计划,自行到相关部门和景点开展调查、访谈、考察、拍照等调研,收集相关数据并做好详细的记录。同时向学生强调如果此次活动未能完成既定计划,可根据项目任务需要自行安排时间再次前往景区调研,直至完成全部计划。第二步是资料整理和统计。要求学生将调研得到的文字、数据、图片等资料进行分类、整理、统计并形成图表。在这一过程中,教师只起指导、监督、检查、示范、解惑作用,给学生充分自主的创作和发展空间。

5. 组织学生进行效果展示、交流与评价

项目活动的最后环节是组织学生以小组为单位,利用 PPT 汇报展示各小组的实施方法、过程、现象、结论以及相应策略等。允许各小组之间相互提问、质疑、答辩、交流意见,倾听和尊重他人的不同观点和评议。同时,在全班开展评比活动,评出“最佳方案”、“最佳报告”、“最佳创意”等奖项。最后,根据小组、个人的表现进行自评、互评、教师总评,并以此作为学生的实践考评成绩,教师对每个学生付出的努力均给予充分肯定。

（二）**教学效果**

通过上述项目教学活动,全班共提交了考察报告和设计方案九份。报告中对该景区的自然景观资源、动植物资源、民族风情、科考价值、开发生态旅游优劣势等进行了详尽的分析,并指出该景区现有旅游产品开发欠缺或不当之处以及社区居民环保意识亟待提高等意见。

这些报告及设计方案均被作为该景区未来发展规划意见提交该景区董事会讨论,不少意见和方案已得到肯定和采纳。其中“景区与社区居民的矛盾及处理对策探讨”小组,通过设计“社区居民对景区旅游所带来的影响的感知以及居民对景区旅游发展的态度”调查问卷,获得了社区居民对景区旅游所带来的经济、社会、环境等影响的感知以及对景区未来发展所持态度等一手资料,并通过走访了解了社区居民与景区之间的矛盾成因,最后提交的“某景区社区居民态度与旅游开发对策”调研报告,为当地政府部门较好地协调和解决该景区与社区居民之间的矛盾提供了科学的依据和操作指南,得到了充分的肯定和赞扬。

第四节　双语教学

一、双语教学概述

美国国家双语教育协会（National Association of Bilingual Education，NABE）将双

语教学定义为使用两种语言作为媒介的课堂教学。

在我国,双语教学一般是指同时用汉语和某一门外语进行的非语言学科的教学。

双语教学的特点是,这种方法能够使学生在获得专业学科知识的同时,提高自己的外语水平。在当前教育国际化的背景下,双语教学更是具有重要的意义。

二、双语教学的类型①

双语教学主要分为以下三类:

1. 沉浸式双语教学(immersion bilingual education)。即在校园中和课堂上都只用外语交流和教学,不使用母语,让学生沉浸在外语的环境中,形成使用外语思维的习惯。

2. 保留式双语教学(transitional bilingual education)。即只在课堂上完全使用外语教学,不使用母语,但在校园内可以使用两种语言自由交流。

3. 嵌入式双语教学(embedded bilingual education)。即在课堂上同时使用母语和外语进行教学,这时常常根据不同学科的特点,确定两种语言使用的比例。在校园内,对使用的语言不加限制。

目前,我国高校中的双语教学主要是嵌入式双语教学,而采用的外语则多为英语。

三、双语教学案例②

(一) 实施过程

某大学进行了连续三个学期"C语言"课程的双语教学实践。这三个学期是不断提高和改进的过程:第一学期在摸索中前进,第二学期在总结第一学期得失的基础上进一步加以改进和提高,第三学期更加注重从形式和内容上不断改进和提高。

1. 第一学期的实践过程

教学对象为本科大三学生,学生使用的教科书仍然为中文教材,教师讲授的内容以教材为主,但用英语和汉语两种语言讲授。黑板右上方为投影大屏幕,放映该课程的中文PPT,黑板的左半部分教师用来书写英文板书。教师在讲课的过程中,边在黑板上写英语,边说英语。听课的学生由于基础不同,有的边听讲解边看黑板,有的忙着看中文PPT。教师初期的目的就是想在给学生以视觉经验积累的同时给学生以听觉经验的积累。

在讲课过程中,当学生频频点头时,说明学生已听懂或掌握了这部分内容,教师可加快语速尽快结束;当学生有不解的表情时,教师则适当降低语速,并迅速在头脑中准备好较为恰当准确的语言进行补充讲解。随着讲课内容的深入,教学难度在加大,教师用汉语解释的比例也随之增加。

2. 第二学期的实践过程

第二学期双语教学在总结第一学期双语教学得失的基础上进行。教学效果较第一

---

① 何斌:《浅谈高校本科双语教学的实践》,载《天津职业院校联合学报》,2007(4);周亚丽:《高等学校本科双语教学模式的探讨》,载《科技信息》,2009(22);欧阳柳章:《本科双语教学探讨》,北京大学学报(哲学社会科学版),2007(S2)。

② 选自何雪涛、雷文:《本科生双语教学实践体会》,载《教育理论与实践》,2007年专刊。此处有少量改动。

学期有明显提高。首先,教师在第一节课向学生声明本门课程使用双语教学。第一外语为非英语者以及自我感觉使用英语较为吃力者可申请退出,允许学生试听几次后再作决定。每次讲解新课时,教师先使用中文PPT并用中文讲解。随后,教师演示与讲课内容相关的英文PPT,用英语复述相关内容。在下一次课上,教师先用中文简述上次课内容,然后用英语复述。学生很自然地会全神贯注听老师说英语。

3. 第三学期的实践过程

第三学期双语教学是真正意义上的双语教学。双语教学无论是从内容上还是形式上都更加规范。突出表现在以下几个方面:(1)有供学生使用的双语教学教材,(2)教学课件全部使用英语,(3)教师在课堂上几乎全部说英语,(4)允许全院范围内的学生选修,在试听一次后允许退出,(5)用英语留作业,(6)用英语出考试试卷。

(二)教学效果

学生对双语教学的热情很高,听课的出勤率一直较高。上课教师认为实施双语教学最大的收获是,学生与专业课程密切相关的英语词汇及语汇得到系统提高,学生的听力得到明显提高。

在对双语教学的情况进行问卷调查时,不少学生就教学进度、说中文与说英文的比例、教学内容等提出了建议,教师感到收获很大。有不少学生希望其他课程也开设双语教学。

思考题

1. 案例教学法在大学教学中得到广泛的应用。请思考:案例教学法的优点有哪些?

2. 任务教学法和项目教学法是大学教学方法中比较新的教学方法,二者既有相同点又有不同点。请将二者加以比较,并结合实例进行说明。

参考文献

1. 熊程:《案例教学探析》,《科技情报开发与经济》,2009(19)。

2. 樊荣:《浅谈案例教学——以新闻传播专业为例》,《西安欧亚学院学报》,2009(7)。

3. 李玉霞:《案例教学应用研究》,《西安欧亚学院学报》,2009(7)。

4. 王培文:《浅议高校案例教学的原则及其功能》,《中共郑州市委党校学报》,2009(1)。

5. 马桂东,马敏:《任务驱动型教学方法的实际应用》,《科技信息》,2008(23)。

6. 程新华:《任务驱动教学法与项目教学法辨析》,《黄冈职业技术学院学报》,2009(11)。

7. 徐肇杰:《任务驱动教学法与项目教学法之比较》,《教育与职业》,2008(11)。

8. 叶静飞:《"任务驱动型"教学探究》,《中小学信息技术教育》,2008(2)。

9. 杨盛泉:《简谈C程序设计课程的任务驱动教学方法》,《计算机教育》,2010(6)。

10. 宁凡:《基于"任务驱动型"的教学方法研究》,《中国科技信息》,2007(15)。

11. 李学相:《"基于榜样的案例教学法"的研究与实践》,《计算机教育》,2006(2)。

12. 李汉强:《基于"任务型"教学模式的研究生英语教学改革》,《继续教育研究》,2009(4)。

13. 李燚琳:《浅析项目教学法》,《内江科技》,2009(4)。

14. 程新华:《任务驱动教学法与项目教学法辨析》,《黄冈职业技术学院学报》,2009(11)。

15. 王玉翠:《项目教学法在本科学科教学中的实践与思考》,《职业时空》,2009(6)。

16. 李松:《在课堂教学中运用项目教学法的思考》,《辽宁教育行政学院学报》,2009(26)。

17. 王玉翠:《项目教学法在本科学科教学中的实践与思考》,《职业时空》,2009(6)。

18. 何斌:《浅谈高校本科双语教学的实践》,《天津职业院校联合学报》,2007(4)。

19. 周亚丽:《高等学校本科双语教学模式的探讨》,《科技信息》,2009(22)。

20. 欧阳柳章:《本科双语教学探讨》,《北京大学学报(哲学社会科学版)》,2007(S2)。

21. 何雪涛,雷文:《本科生双语教学实践体会》,《教育理论与实践》,2007年专刊。

　　高等学校开展科学研究,既是高等学校的重要职能
之一,也是培养人才的有机组成部分。培养有理想、有
道德、有文化、守纪律的,适应新世纪需要的社会主义现
代化事业的建设者和接班人,不仅要使其具备坚实的基
础知识和专业知识,而且还要使其具备一定的科研能
力。坚持教学和科研相结合,引导大学生参加科研,努
力培养大学生的科研能力已是当前高等教育改革的目
标之一。本章主要介绍科研能力与科研素质,以及如何
培养大学生科研能力。

第一节　科研能力与科研素质

一、科研能力的概念

一般意义上的能力指做事的本领,是指人在完成某项活动中所表现出来的相对稳定的心理素质与身体素质的结合。人们所表现出来的都是具体的能力,如思维能力、讲演能力、学习能力、表演能力、交际能力、体育比赛能力等等。

所谓的科研能力,是指在科学研究活动中所需要的心理素质与身体素质的结合。由于科学研究活动对心理素质尤其是智力的要求很高,所以一些著作往往把科研能力与智力、创造力、思维能力等概念相等同。

因此,人们日常理解的科研能力,主要包括思考、探索问题的本领,以及动手实验的才干。

二、大学生的科研素质

形成科研能力所需要的大学生自身的基础素质(这里主要讨论心理素质方面),我们称为科研素质。

大学生的科研素质至少应包括如下几点:

1. 高尚的学术道德

学术道德是指人们在科学研究活动中表现出来的道德水平。

科学研究是一项崇高的事业,科学的发展推动了人类的进步。科学研究事业的崇高性是由科学工作者的高尚品德体现出来的。

良好的学术道德主要体现在如下几个方面:

一是坚持虚心态度和学习精神。现代社会中,科学研究已经成为集体性劳动,而虚心则是团结同事、形成互相配合的气氛的重要前提。在一些单位,"文人相轻"是同事之间出现矛盾以至于影响科学研究工作的重要原因。在社会飞速发展的情况下,从事科学研究工作需要我们不断地学习,而虚心则是我们能够踏实地学习或耐心听取他人意见的保证。孔子说"三人行,必有我师焉",这应当成为科学研究工作者的座右铭。

二是淡泊名利,严谨治学。科研成果往往与名和利具有一定的联系。因名利而堕落的科学家的存在,不是科学界的主流。科研工作必须脚踏实地,厚积薄发,决不能以浮躁的心态沽名钓誉,一味追求科研成果数量而忽视质量。事实说明,只有那些治学严谨、淡泊名利的人,才能为科学研究事业奉献自己的毕生精力,才能出大的科研成果。

三是尊重他人的劳动成果。科研工作往往都是在别人成果的基础上进行研究的,参考与借鉴其他人的成果是正常的。但是,在使用其他人成果时一定要以某种适当的方式加以声明,比如注明出处、致谢等。抄袭剽窃、弄虚作假是可耻的行为。

2. 扎实的科研基础

首先,要有宽厚扎实的知识基础。著名哲学家黑格尔说过:"无知者是不自由的,因为和他对立的是一个陌生的世界。"从事科学研究工作,需要见多识广。为了打好知识基础,平时必须注意积累和学习。要养成对新知识的敏感性,要掌握正确的学习方法,要熟悉和重视获取信息的渠道,学会整理知识的方法。

其次,要能够灵活运用科学研究方法,比如实证研究方法、假说方法、分析与综合方法、归纳与演绎方法等等。

3. 强烈的求知欲和坚强的意志

求知欲表现为对未知的浓厚兴趣和强烈的好奇心,这种求知欲会成为科研人员潜心研究的强大动力。另一方面,科学研究的道路是充满失败和艰辛的,既然选择了科学研究,就不能指望一帆风顺,因此,必须具有坚韧不拔、百折不回的意志。

例 9 居里夫人的 坚强意志	如果说居里夫人的才智是第一流的,那么,她的顽强和毅力则是超一流的。在居里不幸去世之后,她勇敢地挑起原来由夫妇共同承担的科研项目和生活重担,在实验设备和条件极差的情况下,坚持科学研究,用最普通的铁锅一锅又一锅地从含量只有百万分之一的矿渣中提炼纯镭……

4. 创新意识

科学研究的根本特征在于探索未知和创新。因此,科学研究人员必须具有很强的创新意识,坚持独立思考,不人云亦云,要善于在看似完美的解释中发现问题,要有超越前人的勇气。

5. 学会观察与思考

科学研究包括两类活动,一是观察,二是理论思考。

观察是科学研究的开端,它为科学研究搜集经验或事实材料,通过观察客观事物的性质、状态、数量等特征积累资料。巴甫洛夫认为:"事实就是科学家的空气,没有事实,你们永远不能飞腾起来。"然而,为了达到预期的观察效果,需要讲究观察方法,有时还需要制订观察方案。

通常的观察方法主要有自然观察和实验观察两大类。前者主要用于天文、气象、地质、考古等学科,是对自然条件下所发生的某种过程或现象作系统考察;后者则一般用于物理、化学和应用科学等领域,它是在人工控制的条件下复制某些自然现象或人为现象,并在实验过程中干预现象的过程。科学家贝费里奇说:"在研究工作中养成良好的观察习惯比拥有大量学术知识更为重要。"

无论在观察、实验的过程中,还是在形成假说的过程中,都离不开思维活动。可以说,创造性思考是科学家的基本功。爱因斯坦称自己为"爱好思考的人",他用了 7 年的"思考"才写出了著名的《相对论》。牛顿在总结自己的科学成就时说:"我没有什么办法,只是对一些问题用了很长的时间去思考罢了。"爱迪生在实验室的墙上贴了雷诺兹的名言:"人总是千方百计地逃避真正艰苦的思考",并在其后加上"不下决心培养思考习惯的人便失去了生活中的最大乐趣"。

第二节 科研能力的培养

一、自学能力的培养

1. 自学能力的重要性

自学能力是指在没有教师指导的情况下自我提高学识、自我增长经验的能力。

大学生的自学能力对于形成其科研能力有重要作用。这是因为,相对于科研所要求的基础和能力来说,课堂教学的作用是相当有限的。首先,课堂教学的学时不可能太多,只能把一些重要的、基础性的知识传递给学生。其次,科学研究需要了解科学的最新发展,而科学的发展日新月异,学校的教育内容却相对成熟和稳定,因此,大学生补充新知识就必须依靠自学。第三,从大学生的个人发展角度看,只有具有较强的自学能力,才能保证毕业后有"后劲",在新的环境中有所发现,有所创造。

爱因斯坦说过:"在我的思想感情中,外界的环境总是起着次要作用。苦和甜来自外界,坚强则来自内心,来自一个人的自我努力。"可见,自学在一个人的成长中占有十分重要的地位。

培养大学生的自学能力,包括培养良好的学习态度、坚强的意志和正确的自学方法,制定合理的自学目标和计划的能力、坚持锲而不舍和与灵活性相结合的自学策略的能力等。

2. 培养大学生自学能力的方法

培养大学生自学能力主要有如下方法:

(1)开设指导自学的课程或讲座,直接讲授自学方法。我国的大学生入学后往往处于中学学习习惯与大学自学能力培养的转变期,通过开设指导培养自学能力的选修课或专题讲座,培养和训练他们合理计划和安排自学的能力,介绍科学的自学方法,如读书方法、记录要点和做文摘的方法等。

(2)开设"导论类课程",提供自学方向。自学的重要环节是合理地确定自学方向。一般地说,自学方向必须是学生感兴趣的,同时又必须是力所能及的。一些大学生往往在确定自学方向时感到迷惘。因此,学校可以针对这种情况开设介绍有关专业知识的导论类课程。导论类课程的特点是泛而不深,能够在较短的时间内有效地扩大学生的知识面,从而有助于学生选择自己的自学方向、培养自学兴趣。

(3)采用问题式、讨论式教学,激发求知欲。自学需要激情和动力。为了激发学生的自学积极性,应当采用一定比例的问题式或者讨论式教学,以引起学生思考和产生求知欲。一般地说,大学生的年级越高、培养层次越高,问题式教学或讨论式教学的比例也越高。比如研究生的讨论课比例要比本科生的讨论课比例高得多。

(4)直接指定自学内容,定期检查自学结果。对于一些容易自学的教学内容,教师要尽可能让学生自学。因此,比较常见的是课堂讲授与学生自学结合起来完成某门课程的学习。对于研究生等高层次的学生,导师往往只是指定自学书目,直接讲授的内容更少。在指定自学内容的情况下,教师要注意及时对学生的自学情况进行检查,及时发现问题及时指导和纠正,特别是要防止学生放任自流、浪费宝贵的时间。

二、获取信息能力的培养

1. 获取信息能力的重要性

简单来讲,信息是反映外界情况的消息。

信息对于科学研究有特殊的重要意义:

首先,就科学研究选题内容来说,在开展研究之前,必须要了解有关领域的现状,比如是否已经被其他人研究过、研究到什么程度、有什么经验与教训等。这样,可以最大限度地在别人的起点上开展研究,提高研究效率。

其次,政府、社会团体、基金会、企业或事业单位往往会资助一些特定领域的研究项目,这类研究项目往往事先指定研究内容和目标、资助资金的额度、完成期限、招投标办法等等。研究人员及时了解这方面的信息,有利于争取研究经费和争取对社会发展有意义的研究项目。

此外,从大学生个人发展角度来说,能有效地获取各种社会信息,也意味着能够掌握发展机遇,这对于提高大学生的发展潜力无疑是很有意义的。

2. 获取信息能力的要素

获取信息能力的意义已经受到人们的重视。美国教育界已经提出了"信息素养"的概念。1992 年多尔(Doyle)在《信息素养全美论坛的终结报告》中提出:一个具有信息素养的人,他能认识到精确和完整的信息是作出合理决策的基础,确定对信息的需求,形成基于信息需求的问题;一个具有信息素养的人,他能够确定潜在的信息源,制订成功的检索方案,从计算机和其他信息源获取信息、评价信息、组织信息并用于实际,同时将新信息与原有知识体系进行融合,以及在批判性思考和问题解决的过程中使用信息。

获取信息的能力可概括为如下四种要素:

(1) 较强的信息意识

信息意识是指人们在解决各种问题时重视信息、依靠信息的观念。事实说明,在同样的环境下,那些信息意识较强的人,往往能够抓住机遇,较快地发展。

(2) 熟练掌握信息工具和获取信息的方法

在信息大量涌现的情况下,获取信息的重要方面是迅速地"找到"所需要的信息。这时,有效地利用各种信息工具是非常重要的。比如熟悉互联网及各种计算机检索系统、世界各主要国家的图书资料的分类系统、国际专利分类法、一些重要的检索刊物和工具书等。

此外,获取信息还有方法问题。不同类型的信息,获取方法也往往有很大差别。比如对于文献类信息和社会调查类信息,获取方法是有很大差别的。

(3) 科学地处理信息的能力

随着信息技术的进步,各类信息大量涌现,在这样的情况下,科学地处理信息十分重要。科学地处理信息包括准确地识别信息的意义和重要程度,根据识别结果对信息进行筛选、分类、分析、概括。通过这样一个"去粗取精,去伪存真"的加工处理过程,信息的价值和意义才能充分体现出来。

(4) 抵御信息垃圾的能力

当前,信息技术的巨大进步,给人们利用信息带来了很大的方便,但也导致了信息垃圾的泛滥。信息垃圾是指那些无意义的或者对人们精神健康有害的信息。比如各种无聊的垃圾电子邮件、各种黄色的或者宣扬悲观思想的网站、含有诈骗内容的广告等等。对这些信息垃圾,如果不能准确地识别或者无抵御能力,往往轻则会使人浪费大量的宝贵时光和精力,重则会使人精神萎靡、放弃事业,或者导致各种其他损失。

3. 培养获取信息能力的方法

(1) 提高学生的信息意识

作为教师,应当充分利用各种机会,提高学生的信息意识,使重视信息、依靠信息、有目的地收集信息成为学生的自觉倾向。这方面,可以经常介绍信息发挥重要作用的成功案例。

(2) 让学生参与获取信息的实际工作,培养学生动手能力

获取信息有很强的实践性,需要一定的经验和技巧,这种经验和技巧,只能通过实践来培养。因此,教师可以有意识地布置一定的获取信息任务,让学生亲身体验一下获取信息的过程并且形成一定的经验。比如,可以布置学生去查找某个学科当前的研究动向方面的信息,或者让学生利用课余时间进行某项专题的社会调查等。

(3) 重视文献检索课

当前在高等学校,对大学生一般都开设有文献检索课。文献检索课主要讲授查找文献信息的知识和方法。文献信息是指以各种文献形式表现的信息,比如期刊论文、图书、专利说明书等。文献信息对于科学研究是非常重要的。因此,应当使学生充分认识到文献检索课的重要性。

(4) 强化自身修养,提高抵御信息垃圾的能力

为了培养学生抵御信息垃圾的能力,还要重视学生的自身修养。这种修养包括两个方面:学识修养和思想品德修养。提高学识修养,可以使学生见多识广,不易上当受骗;提高思想品德修养,可以使学生意志坚强,不易受各种不良倾向和低级情趣的影响。

在这方面,重要的是要养成学生自我修养的自觉性。这是一项艰苦的、长期的工作,需要教师细致的、耐心的、有说服力的、渐进的引导,才能为学生所接受。

三、创新能力的培养

创新能力是科研能力的核心。实际上,创新意识并不仅仅局限于科学研究。联合国教科文组织在《1998 年世界科学报告》中指出,在经济全球化的背景下要赢得一场竞争,"最新式的武器"就是一个国家的创新能力。在中国,由于改革开放,创新也渐渐成为时代精神。

创新能力,是指富于独立思考、能够提出新见解、善于解决新问题的能力。培养创新能力一般需要注意三个方面。

第一,培养创新能力的关键是建立一种鼓励独立思考、提倡求异思维、重视发现疑问的教育环境。因此,在教学过程中尤其是考试和学业评价中,凡是可以争论的内容,一般不宜只允许一种答案。即使是只有一种答案的客观性很强的问题,对于学生的错

误也不要简单批评,而是要分析为什么会发生错误。对于教师来说,学生的错误也是非常有分析价值的,有许多错误恰恰是因为学生很好地动了脑筋——没有简单地重复教师的结论——而造成的,只不过是在某些理解环节上存在着错误而已。这时,教师要充分地肯定学生的探索精神,然后再纠正其存在的错误。

第二,讨论课、辩论课、学生的论文或设计的答辩等,对培养学生的创新能力有较强的作用,应当充分重视。教师的任务不仅仅是开设出这些课程或者参加答辩等,还要认真提高这些教育组织形式的质量,决不能使其流于形式,要使学生真正有所思考,有所提高。

第三,注意培养学生发现问题的能力。发现问题是创新的起点,"找不到问题"是阻碍人们从事研究的常见原因。"我想研究的别人都研究过了,想说的别人都说过了,都很有道理",这是高年级本科生或研究生等高层次学生们在毕业论文选题时最经常的抱怨。

因此,为了培养学生发现问题的能力,教师不应当仅仅为学生指定一个论文选题或简单告诉学生还存在着什么问题,而是要传授发现问题的方法。比如,科学研究方面的问题往往产生于各种矛盾,如逻辑矛盾、理论与事实矛盾、理论矛盾、事实矛盾等。其中,逻辑矛盾指同一理论体系在逻辑论证方面存在自相矛盾的现象,这说明这种理论体系存在问题;理论与事实之间存在矛盾指理论不能解释事实,事实不支持理论,这要么是理论不正确,要么是事实不真实;理论矛盾指相关联的理论之间存在矛盾,这些理论中至少有一种是错误的;事实矛盾则指事实之间存在矛盾,说明至少有一个事实是假象。这些发现问题的方法被学生掌握后,就会大大地提高发现问题的观察力。

第三节　利用科研项目培养科研能力

除了利用教学活动来培养大学生的科研能力外,高等学校往往还承担一定的专门科研项目。组织大学生参加科研项目也是培养他们科研能力的重要途径,特别是在从事科研工作的实践能力的培养方面,科研项目有着十分重要的意义。

一、大学生参与科研项目的方式

1. 直接负责科研项目。这种方式需要由学生自己申请、负责规划组织研究队伍、亲自参与科学项目。比如,常常有一些组织向全社会定期进行科研项目招标,学生也可以参加投标。但是,由于承担科研项目需要一定的研究实力和研究基础,所以能够由学生独立承担的科研项目一般都是比较小(资金少、研究时间短、队伍人数少)的项目。这种方式对学生科研能力的培养是全面的,但要求学生独立工作的能力要强,一般只有高层次的学生,比如博士生,才能够以这种方式参与科学研究项目。

2. 独立承担科研项目中的一定环节或一部分。科研项目往往由许多环节或者部分构成,比如文献调查、实际问题调查、分析讨论、研究成果的成文等。有时,学生可以承担一定的环节,比如文献调查就是学生经常参与的环节。学生以这种方式参与科研项目时,由于负责的工作范围较小,同时又有一定的独立性,所以既容易完成,又能够锻炼独立工作的能力。

3. 做导师的科研助手。如果学生与老师的关系比较密切和稳定,就可以以科研助手的方式参加科研项目。科研助手的工作一般随着科研项目的进程发生变化,学生能够参与科研的全部过程,但又不是完全独立的,许多工作都是在导师的指导下完成的。这种参与科研的方式,有助于学生了解科学研究的各个环节,并且还有利于学生学习导师的治学态度,培养其科研道德。

在一些国家中,任导师的科研助手是研究生参与科学研究的主要方式。我国的一些大学也有导师如果没有科研项目就不能招收研究生的规定,其目的就是为了发挥科研项目在培养大学生科研能力方面的作用。

二、科研项目在培养科研能力方面的作用

在承担科研项目的过程中,教师除了要注意按合同按时、保质地完成项目外,还要注意对学生科研能力的培养。实际上,科研项目在培养学生的科研能力方面有独特的作用。

第一,让学生参加科研项目,有助于扩大知识面和了解科研前沿。正式立项的科研项目一般都是对科学发展有较大意义的理论研究问题,或者是需要解决的重要的实践问题。由于教材的出版周期长、内容相对成熟,所以科研工作中所接触的知识往往是对课堂教学的有益补充。

第二,学生参加科研项目,有利于养成从事科研的动手能力。科学研究过程中,往往需要一定的实干能力,比如写作能力、运用仪器设备的能力、检索文献信息的能力等。这些,单纯的课堂教学是很难培养的。

第三,学生参加科研项目,有利于培养严谨的治学精神。科学最讲究实事求是,为了一个数据,往往要反复试验,为了查找一篇文献,往往需要多方面检索。这种严谨的治学精神,学生只有亲身参加科研时,才会有真正的体会,才会养成良好的科研道德。

第四,学生参加科研项目,有利于培养克服困难的意志和遇事想办法的良好态度。科学意味着艰辛,科学之路没有平坦的大道。学生参加科研项目,会体验到成功来之不易,磨练了意志,也会学习到在困难面前多想办法的灵活态度。这些,都是学生在今后的研究工作甚至人生发展历程中需要的。

第四节　大学生科研能力培养的案例

一、在动物学野外实习中培养学生科研能力的实践[①]

为了培养大学生的科研能力,某大学的生命科学与技术学院在动物学的野外实习中作了一系列的努力,并最终取得了较好的效果。该实践活动不仅使学生在如何开展

---

① 选自高智晟、赵文阁、于东、陈辉、刘鹏、刘志涛:《动物学野外实习中科研能力的培养与实践》,载《高等教育与学术研究》,2008(10)。此处有少量改动。

科研工作、如何进行结果的分析、如何进行论文的写作等方面得到明显提高,而且使本科毕业论文或进入到研究生阶段的科研工作都能较顺利地完成,并且在组织管理能力、团结协调能力、基本人格培养等方面都显现出良好的效果。

在野外实习过程中,科研能力培养的指导思想主要有三点:第一,确定学生的主体地位;第二,实施个性教育;第三,充分发挥教师的主导作用。

在动物学野外实习中的具体实施细节如下:

1. 培养科研意识。在动物学野外实习过程中,利用大学生与大自然零距离接触的机会,增加学生对大自然的了解,进而充分调动大学生进行科学研究的主动性和积极性。

2. 引导科研思路。在野外实习的不同阶段,实习的内容和要求不同。教师必须据此给学生确定任务和研究范围,指导学生如何收集资料、制定研究计划、实施计划、讨论与分析结果、组织成文等,并对学生的成果进行科学的概括、剖析与总结,培养学生的科学精神,训练学生的创造性思维能力。

3. 指导科研过程。生命科学与技术学院的动物学野外实习安排在大学一年级的下学期,在带队教师的带领下,由教师负责指导学生独立进行科研工作。教师指导学生观察点的定位、观察方法、记录方法、数据处理方法、论文的写作方法等内容,并使学生明确进行科研工作的各项要求,如观察要客观、准确、实事求是,观察记录要详细、准确、条理清楚,数据处理要科学、严谨,逻辑推理要符合事实及生物学规律等。

4. 锻炼学生语言处理能力。在各组确定专项研究题目后,教师指导学生根据题目拟定研究计划,明确研究的目的和意义,确定研究内容、研究方法、人员分工等;在专项研究结束之后,各小组对研究记录进行分析和处理,得出的研究结果以专题论文的形式呈现出来;最后则以报告会的形式将本组的研究成果清晰表述出来。在此过程中,指导教师要层层把关,让学生明确科学研究的写作要求、写作方法以及语言的表达方法等,强化学生的语言处理能力。

5. 增强学生组织管理能力。在野外实习中,采用学生个人的自我管理、组长对组员的管理、各位带队教师对各组的管理、领队对教师的管理的四级管理模式。在此过程中,着重强调学生的自我管理,发挥和调动其组织管理能力,各小组活动的组织和管理都由组内成员自我协商来完成。

6. 加强学生团结协调能力。在野外实习中格外强调学生的团结协作,为学生营造团结协作的氛围,每一个专项研究都是以小组的形式共同完成,只有组内成员通力合作,才能保证研究工作的顺利完成。科研工作是一项团队性的工作,团队中各个成员的团结协调程度直接关乎研究的成败。

7. 培养学生基本人格。在野外工作中,通过让学生与自然的接触和对动物行为的观察,使学生产生爱心,学会感恩,学会面对艰苦,学会爱护环境。

科研能力包括创新能力、观察能力、自学能力、实际操作能力,以及语言处理能力、组织管理能力和团结协调能力等各方面的能力,而在动物学野外实习过程中着重培养了学生这些方面的能力,并取得了显著的成效。

二、毕业设计结合科研项目培养学生的科研能力与创新能力[①]

某大学建筑学院将99级建筑专业的毕业设计与"某大学校园规划及建筑设计"科研项目结合,使教师与学生在面对毕业设计大纲和项目单位双重要求之下,在教学与设计中充分发掘潜力,将学生在大学本科教育中所学习和掌握的各种专业技能全面地展示了出来,并适应项目单位的要求加强了学生实践和应变能力的培养与提高。

参与该毕业设计的16位学生中,有3位学生的毕业设计获得优等成绩,一位学生获得校级优秀毕业设计(论文)奖,并在省土木建筑学会关于高校土建专业优秀毕业设计的评比中,获得优秀毕业设计三等奖。

具体实施细节如下:

1. 多学科综合设计利于学生综合运用本科阶段的多种知识

"中国地质大学华南科技学院校园规划及建筑设计"的毕业设计要求,将规划与建筑相结合,利于学生对总体环境规划的把握,并利于建立建筑单体与总体环境相联系的整体的环境观念。

在该毕业设计教学中,首先要求16名毕业生形成2个小组,对规划建设净用地面积达101.44 Ha的校区进行总体的校园规划,并在其中布置各类教学、科研、生活建筑共460000 m²,使新校区落成后可容纳学生人数24000人,教职工2400人,共8个系19个专业。该项目规模大,功能复杂,要求高。通过这个校园总体规划的训练,可以检验学生对于大型用地、功能全面、流程复杂项目的初步规划技能的掌握,这对于建筑学专业的学生来说是一项综合、全面、难度较大的设计课题,也是对其4年半以来所学多门专业设计技能的综合、全面的考验。

其次,在进行校园规划的基础上,要求每一位学生在自己小组规划的各功能的大型公共建筑中,如图书馆、教学楼、试验综合楼、行政主楼、大学生活动中心(学术交流中心)、后勤服务楼、食堂,任选一种功能建筑进行详细的建筑设计。

最终的毕业设计成果,由如下两方面来综合体现:一方面是2个小组各自完成一套校园总体规划的全面规划图纸,包括:设计理念图示分析、区位图、周边环境分析图、规划结构图、总平面规划功能分区图、总平面规划设计图、道路交通系统规划图、绿化及景观系统规划图及主要技术经济指标。通过这一套完整的规划设计图纸的表达,帮助学生建立了详细规划的概念,为今后在工作中碰到有关规划方面的问题,打下了较好的应对基础。

另一方面则是每一位同学各自完成大型公共单体建筑的全套详细设计方案图纸,包括:建筑设计理念图示、建筑总平面图、各层平面图、立面及剖面图、效果图(鸟瞰、透视)、功能流线景观等分析图以及主要技术经济指标。通过详细深入的建筑设计来检验学生的建筑设计能力。

在完成两套设计图纸的基础上,要求学生撰写3000～5000字的设计说明书。在说

---

① 选自张倩、李志民、赵宇:《本科毕业设计教学中结合科研项目培养学生的科研能力与创新能力》,载《西安建筑科技大学学报(社会科学版)》,2006(25)。此处有少量改动。

明书中,首先阐述当今我国高校校园建设的发展趋势,再结合具体的规划和建筑设计,说明本次毕业设计的项目概况、总体规划、单体设计的设计思想、设计理念、设计内容和各类分析,如针对校园总体规划的规划结构、功能分区、道路系统、绿化系统的分析,针对单体建筑的设计理念、功能布局、交通组织、绿化景观、造型设计的分析等,并说明在设计中的新技术应用和主要技术经济指标。

2. 教师、学生、项目单位多方交流,帮助学生适应设计单位多工种配合的要求

在建筑学专业 99 级的"中国地质大学华南科技学院校园规划及建筑设计"的毕业设计教学中,要求学生通过以下程序来完成整体设计。

第一阶段,熟悉题目,用 3 周时间,制订个人工作计划及拟订任务书,在校内搜集资料并开始构思概念性方案;接着进行为期 2.5 周的毕业实习(包括当地和外埠),由教师推荐有关考察实例,学生赴实地考察并收集相关资料,返校后完成毕业实习报告。第二阶段,用 4.5 周时间,小组完成总体规划方案以及个人完成单体建筑设计方案,并通过建筑学院的毕业设计中期答辩。这个过程当中还包括将学生的设计方案反馈给项目单位,听取意见和修改建议,由学生在与项目单位的直接对话过程中,了解社会的实际要求,锻炼实际操作和应变的能力。第三阶段,经过中期答辩后,参考各方面的综合意见,对总体规划及各单体建筑设计进行综合修改、完善,并绘制最终的正式图纸和编制毕业设计说明书。第四阶段,进行毕业答辩,并通过制作幻灯报告的形式,提供直观、明确的综合论述和设计介绍,完成本科阶段设计能力的全面检验。

3. 鼓励学生图、模、机多种手段相结合,全面提高综合设计能力

在该毕业设计教学过程中,鼓励学生在设计中综合运用 4 年半以来所学的多种设计手段,全面地体现自己的设计内容。学生除了运用徒手、计算机二维图来表现规划与设计的平、立、剖图纸以外,还通过实际手工工作模型来推敲总体和单体建筑方案的可行性,同时还通过计算机的虚拟三维功能来达到虚拟现实的作用。如运用 3DS MAX 和 SKETCH 等较先进的计算机软件将校园总体规划和单体设计的三维模型建立起来,让人通过模型能够建立更为清晰、直观的感官效果,这对于理解和进一步推敲方案是很有帮助的。

从这个科研项目与毕业设计相结合的案例,我们可以看到通过科研项目可以培养学生的科研创新能力。在教学过程中,教师可以让学生参与到自己的课题中来,培养学生各个方面的能力。

第五节　大学生学术道德规范

在培养大学生科研能力的过程中,教师还必须重视培养学生的学术道德。只有科研能力和学术道德双高的学生,才是合格的人才。

鉴于近年来学术道德事件屡屡发生,教育部于 2004 年颁布了《高等学校哲学社会科学研究学术规范》和《高等学校人文社会科学研究学术规范》。这两个指导性文件,可以作为大学生学术道德的行为规范。

一、《高等学校哲学社会科学研究学术规范》(试行,中国教育部 2004 年颁布)

一、总则

(一)为规范高等学校(以下简称高校)哲学社会科学研究工作,加强学风建设和职业道德修养,保障学术自由,促进学术交流、学术积累与学术创新,进一步发展和繁荣高校哲学社会科学研究事业,特制订本规范。

(二)本规范由广大专家学者广泛讨论、共同参与制订,是高校师生及相关人员在学术活动中自律的准则。

二、基本规范

(三)高校哲学社会科学研究应以马克思列宁主义、毛泽东思想、邓小平理论和"三个代表"重要思想为指导,遵循解放思想、实事求是、与时俱进的思想路线,贯彻"百花齐放、百家争鸣"的方针,不断推动学术进步。

(四)高校哲学社会科学研究工作者应以推动社会主义物质文明、政治文明和精神文明建设为己任,具有强烈的历史使命感和社会责任感,勇于学术创新,努力创造先进文化,积极弘扬科学精神、人文精神与民族精神。

(五)高校哲学社会科学研究工作者应遵守《中华人民共和国著作权法》、《中华人民共和国专利法》、《中华人民共和国国家通用语言文字法》等相关法律、法规。

(六)高校哲学社会科学研究工作者应模范遵守学术道德。

三、学术引文规范

(七)引文应以原始文献和第一手资料为原则。凡引用他人观点、方案、资料、数据等,无论曾否发表,无论是纸质或电子版,均应详加注释。凡转引文献资料,应如实说明。

(八)学术论著应合理使用引文。对已有学术成果的介绍、评论、引用和注释,应力求客观、公允、准确。

伪注、伪造、篡改文献和数据等,均属学术不端行为。

四、学术成果规范

(九)不得以任何方式抄袭、剽窃或侵吞他人学术成果。

(十)应注重学术质量,反对粗制滥造和低水平重复,避免片面追求数量的倾向。

(十一)应充分尊重和借鉴已有的学术成果,注重调查研究,在全面掌握相关研究资料和学术信息的基础上,精心设计研究方案,讲究科学方法。力求论证缜密,表达准确。

(十二)学术成果文本应规范使用中国语言文字、标点符号、数字及外国语言文字。

(十三)学术成果不应重复发表。另有约定再次发表时,应注明出处。

(十四)学术成果的署名应实事求是。署名者应对该项成果承担相应的学术责任、道义责任和法律责任。

(十五)凡接受合法资助的研究项目,其最终成果应与资助申请和立项通知相一致;若需修改,应事先与资助方协商,并征得其同意。

(十六)研究成果发表时,应以适当方式向提供过指导、建议、帮助或资助的个人或机构致谢。

五、学术评价规范

(十七)学术评价应坚持客观、公正、公开的原则。

(十八)学术评价应以学术价值或社会效益为基本标准。对基础研究成果的评价,应以学术积累和学术创新为主要尺度;对应用研究成果的评价,应注重其社会效益或经济效益。

(十九)学术评价机构应坚持程序公正、标准合理,采用同行专家评审制,实行回避制度、民主表决制度,建立结果公示和意见反馈机制。

评审意见应措辞严谨、准确,慎用"原创"、"首创"、"首次"、"国内领先"、"国际领先"、"世界水平"、"填补重大空白"、"重大突破"等词语。

评价机构和评审专家应对其评价意见负责,并对评议过程保密,对不当评价、虚假评价、泄密、披露不实信息或恶意中伤等造成的后果承担相应责任。

(二十)被评价者不得干扰评价过程。否则,应对其不正当行为引发的一切后果负责。

六、学术批评规范

(二十一)应大力倡导学术批评,积极推进不同学术观点之间的自由讨论、相互交流与学术争鸣。

(二十二)学术批评应该以学术为中心,以文本为依据,以理服人。批评者应正当行使学术批评的权利,并承担相应的责任。被批评者有反批评的权利,但不得对批评者压制或报复。

七、附则

(二十三)本规范将根据哲学社会科学研究事业发展的需要不断修订和完善。

(二十四)各高校可根据本规范,结合具体情况,制定相应的学术规范及其实施办法,并对侵犯知识产权或违反学术道德的学术不端行为加以监督和惩处。

(二十五)本规范的解释权归教育部社会科学委员会。

二、《高等学校人文社会科学研究学术规范》(试行,中国教育部 2004 年颁布)

一、总则

(一)为规范高等学校(以下简称高校)人文社会科学研究工作,加强学风建设和职业道德修养,保障学术自由,促进学术交流、学术积累与学术创新,进一步发展和繁荣高校人文社会科学研究事业,特制定本规范。

(二)本规范由广大专家学者广泛讨论、共同参与制订,是高校教师、研究生及相关人员在学术活动中自律的准则。

二、基本规范

(三)高校人文社会科学研究应以马克思列宁主义、毛泽东思想、邓小平理论和"三个代表"重要思想为指导,遵循解放思想、实事求是、与时俱进的思想路线,贯彻"百花齐放、百家争鸣"的方针,不断推动学术进步。

(四)高校人文社会科学研究工作者应以推动社会主义物质文明、政治文明和精神文明建设为己任,具有强烈的历史使命感和社会责任感,敢于学术创新,努力创造先进文化,积极弘扬科学精神、人文精神与民族精神。

(五)高校人文社会科学研究工作者应遵守《中华人民共和国著作权法》、《中华人民共和国专利法》、《中华人民共和国国家通用语言文字法》等法律。

（六）高校人文社会科学研究工作者应模范遵守学术道德。

三、研究程序规范

（七）学术研究重在积累、贵在创新。选题应注意理论价值、应用价值及学术价值。

（八）应充分尊重和借鉴已有的学术成果，注重调查研究，在全面掌握相关研究资料和学术信息的基础上，精心设计研究方案，讲究科学方法。应力求论证缜密，表达准确。

四、学术引文规范

（九）引文应注重原始文献和第一手资料。凡引用他人观点、方案、资料、数据等，无论曾否发表，无论是纸质版还是电子版，均应详加注释。凡转引文献资料，均应如实说明。

（十）学术论著应合理使用引文。对已有学术成果的介绍、评论、引用和注释，应力求客观、公允、准确。伪注、伪造和篡改文献、数据等，均属学术不端行为。

五、学术成果规范

（十一）不得以任何方式抄袭、剽窃或侵吞他人学术成果。

（十二）学术成果应注重质量，反对粗制滥造和低水平重复，避免片面追求数量的倾向。

（十三）学术成果文本应规范使用中国语言文字、标点符号、数字及外国语言文字。

（十四）学术成果应避免一稿多投，不应重复发表；另有约定再次发表时，应注明出处。

（十五）学术成果的署名应实事求是。署名者应对该项成果承担相应的学术责任、道义责任和法律责任。

（十六）凡接受合法资助的研究项目，其最终成果应与资助申请和立项通知相一致；若需修改，应事先与资助方协商，并征得其同意。

（十七）研究成果发表时，应以适当方式向提供过指导、建议、帮助或资助的个人或机构致谢。

六、学术评价规范

（十八）学术评价应坚持客观、公正、公开的原则，建立和完善科学的评价机制。

（十九）学术评价应以学术价值或社会效益为基本标准。对基础研究成果的评价，应以学术积累和学术创新为主要尺度；对应用研究成果的评价，应注重其社会效益或经济效益。

（二十）学术评价机构应坚持程序公正、标准合理，采用同行专家评审制，实行回避制度、民主表决制度，建立结果公示、意见反馈机制。

评审意见应措辞严谨、准确，慎用"原创"、"首创"、"首次"、"国内领先"、"国际领先"、"世界水平"、"填补重大空白"、"重大突破"等词语。

评价机构和评审专家应对其评价意见负责，并对评议过程保密，对不当评价、虚假评价、泄密和披露不实信息等造成的后果承担相应责任。

（二十一）被评价者不得干扰评价过程。否则，应对其不正当行为引发的一切后果负责。

七、学术批评规范

（二十二）应大力倡导学术批评，积极推进不同学术观点之间的自由讨论、相互交流与学术争鸣。

（二十三）学术批评应该以学术为中心，以文本为依据，以理服人。批评者应正当行使学术批评的权利,并承担相应的责任。被批评者有反批评的权利,但不得对批评者压制或报复。

八、附则

(二十四)学术规范是一项长期的制度建设。本规范将根据人文社会科学研究事业发展的需要不断修订、完善。

各高校可根据本规范,结合具体情况,制定相应的学术规范及其实施办法,并对违反知识产权或学术道德的学术不端行为加以监督和惩处。

(二十五)本规范的解释权归教育部社会科学委员会。

思考题

1. 有效地培养大学生的科研能力,教师应当具备哪些条件?

2. 在高等学校,主要有几种大学生参与科研项目的方式?

参考文献

1. 高智晟,赵文阁,于东等:《动物学野外实习中科研能力的培养与实践》,《高等教育与学术研究》,2008(10)。

2. 张倩,李志民,赵宇:《本科毕业设计教学中结合科研项目培养学生的科研能力与创新能力》,《西安建筑科技大学学报(社会科学版)》,2006(25)。

第四章

大学生的社会
能力与心理
素质的培养

社会能力是一个人在参与社会生活中有效地处理各种需要和挑战的能力。在大学教学过程中,需要加强大学生的社会能力与心理素质的培养。本章从大学生社会能力、心理素质、实践能力等方面,介绍了如何培养和强化大学生的社会能力。

第一节　大学生社会能力的培养

一、社会能力的主要类型

社会能力指参与社会活动所需要的各种能力,包括社会交往能力、合作能力、组织与领导能力和审美能力。在现代社会中,科学研究也大多为集体性劳动,所以科研能力实际上也是一种社会活动能力,但为了突出其重要性,我们已经把它放在第三章单独讨论过了。

二、社会交往能力的培养

社会交往能力是指与他人增进了解、建立良好关系的能力。

在人类社会早期,由于交通、通讯技术不发达,人们的交往极其有限,"鸡犬之声相闻,老死不相往来"。如今,随着社会的发展,人们的社会交往活动越来越频繁,交往的范围也越来越大。对于大学生走向社会后的发展来说,良好的交往能力有助于使他们获得进一步的发展,对社会也是有益的。因此,培养大学生社会交往能力的问题也日益受到社会的重视。

影响大学生社会交往能力的因素比较多,既有观念、态度、情绪等易变因素,也有性格、习惯等较稳定的因素,还有表达能力、理解能力等一般的能力因素。

因此,为了培养大学生的社会交往能力,需要从如下几个方面做好工作。

第一,要培养良好的交往定向观念。交往定向指对交往对象的选择性。大千世界、茫茫人海,人们不可能不加选择地普遍交往。物以类聚,人以群分,人们的价值观、学识等方面的差异,也自然地把人们分成了不同的群体。大学生由于仍处于心理发展时期,可塑性强,因此如果能够保持良好的交往定向,可以使他们在交往过程中得到提高。反之,如果交往定向不良,也容易受到不良思想的影响。

实际上,人的交往定向受对他人言行的喜恶倾向的影响,如果赞赏某人的言行,则往往会产生一定亲近感,如果厌恶某人的言行,就会自然与之疏远。因此,为了培养良好的交往定向观念,必须从加强学识修养与品德修养两个方面入手,提高对善恶的判断力和建立良好的情绪倾向。这是一个系统性的工作,需要学校各方面的配合和努力才能做好。

第二,培养交往倾向。交往倾向是指人们寻求交往的努力程度或者欲望。交往倾向强的人往往会主动地与人交往,交往范围也比较大。而交往倾向弱的人则在与人交往过程中显得比较被动,交往范围也比较小。

实践证明,过重的工作或者学习压力,往往会压抑交往倾向。因此,教师要注意不要在教学过程中过分加大学生的学习负担。此外,性格、情绪、习惯等也会影响人的交往倾向。在这方面教师要设法引导,养成遇事与人商量、善于听取别人意见和取得帮助等良好的习惯。

第三,鼓励适当交往,培养交往能力。有许多学生不是不想与人交往,有的甚至是非常渴望交往,但在实际上却往往无法做到,这是交往能力弱造成的。交往能力实际上是一种实践能力,需要在锻炼中形成。因此,要鼓励大学生们适当地多交往。

在交往能力中,特别重要的是表达能力和理解能力。表达能力是善于将自己的想法准确地在适当的时机以适当的方式表达出来的能力。而理解能力是准确理解他人意思的能力。这些方面,教师可以在教学过程中注意培养,特别是在提问和讨论时,更要注意观察学生在这方面的能力水平及存在的问题,并尽可能地加以指导。

三、合作能力的培养

社会性是人类的重要特征。人类的许多有意义的活动,都必须通过相互配合才能完成。大学学习是人生中重要的时期,要为以后的工作打下坚实的基础。社会是人的社会,人是社会的人。因此,要想融入社会,作出自己的贡献,具有与他人合作的能力是非常重要的。

培养大学生的合作能力要从如下两个方面入手:

1. 注意培养大学生的合作观念

合作是一种行为,其前提是存在合作的动机。所谓有合作观念,就是对合作有积极的认识,别人有事愿意提供帮助,也愿意争取别人的帮助。

合作观念主要包括三个方面的内容。

一是要有助人为乐、与人为善的精神。帮助人使人快乐,这是人的社会性导致的,是正常人所共有的情感。但是,一个人如果过分自私,就会对他人的困难表现冷漠,不愿意提供帮助。因此,合作观念的强弱实际上是个人思想品德的反映。

二是要有识大体、顾大局的心胸,不斤斤计较个人得失。在合作过程中,难免会有一些个人的得与失,一些具有不良分析倾向的人往往特别看重自己的损失,甚至在自己没有损失的情况下,对别人在合作中收获比自己大一些,也会产生严重的心理不平衡。在这样的心态下,还往往会唤起对方的自私心理,这样整个合作的气氛就会被破坏。因此,要竭力避免处处以自我为中心来看待问题的不良倾向,要学会站在对方的立场上去看待问题。在一些非原则性的问题上,要善于让步,彼此体谅。要养成从大局出发来处理问题的心胸。

三是要懂得合作才能干大事的道理。对于青年学生来说,要注意与自命不凡的感觉作斗争,要认识到个人的力量是有限的。因此,人与人之间的合作和配合是相当重要的。实际上,许多大型的科研项目、大规模的管理活动或生产活动,都必须要由许多人相互合作和配合才能完成。

2. 在社会活动中培养大学生的合作能力

作为教师,要利用各种机会培养大学生的合作能力。开展各种社会活动,是培养大学生合作能力的有利时机。要善于安排学生互相合作和配合来完成一些比较复杂的或者规模较大的活动,对于学生们表现出来的合作精神要及时表扬,并号召其他人学习。

四、组织领导能力的培养

组织领导能力是指合理地分配人们的工作、控制人们的行为使其完成某种任务的能力。大学生是国家的未来建设者,所以具备一定的组织领导能力是有必要的。

组织领导能力至少包括三个方面的要素：善于影响下属和发挥下属的积极性、善于制定计划与善于决断、具有理性行为能力（即遇事不冲动，能够冷静处理，能从大局出发）。

当然，我们不可能要求每一个大学生在这几个方面都达到很高的水平，但是要注意有意识地培养这方面的素质，为他们将来的工作打下基础。

在组织领导能力的培养方面目前主要有两个途径。一是开设一些有关领导科学、管理科学、心理学等方面的课程，讲授一些相关知识。二是在学校组织的各种活动中培养大学生的实际组织领导能力。作为教师，要有意识地培养和锻炼学生这方面的能力，比如分配一些他们力所能及的组织工作等。

五、审美能力的培养

苏霍姆林斯基曾经说过："我一千次地确认，没有一条富有诗意的、感情的和审美的清泉，就不可能有学生全面的发展。"爱美是人的天性，凡是热爱生活的人，总是表现出对美的渴求。然而，要从生活中感受美、挖掘美、创造美，是离不开审美能力的。大学生恰好处于人的一生中情感最丰富的时期，因此也是培养审美能力的良好时机。

从心理发展角度看，培养审美能力主要包括如下几点：

1. 适当开设课程，引导审美情趣

审美情趣指产生美感的对象范围。美感是人们在对事物的感知过程中所产生的体验。这种体验既与遗传有关，又与后天的学习有关。其中，与遗传关系密切的是与自然现象有关的审美活动，比如对人的外貌的美感体验等。与学习有关的审美活动则多与社会现象关系密切。

审美情趣有高低之分，有人喜欢通俗，有人追求高雅。

对于以自然美为主要对象的审美活动，无论是喜欢通俗还是喜欢高雅，都是正常的，无需过多地干预。但是，通俗层次的审美在性质上是比较初级的，无需多少文化就可以审美。而高雅层次的审美则需要一定的文化修养，大学中审美能力的培养，应当着重于高雅层次。

对于以社会美为主要对象的审美活动，则应当加以正确引导，培养正确的审美情趣，使学生们不把无聊当有趣，不把粗俗当高雅。在这方面，人的学识、思想观念对社会美的审美情趣有很大的影响。因此，可以适当地开设一些讲座或者选修课程，引导学生的审美情趣。

2. 开展审美讨论，提高审美层次

大学生虽然比中学生成熟，但他们在审美活动中仍然有很大的从众性。例如在大学校园里，从对音乐、诗歌等艺术的偏好，到对服饰、发型的选择，大学生都容易表现出某种流行倾向。这些倾向一般并无不当，但是学生们对美的感受水平一般仅仅局限于直觉的层次上，缺少有见地的鉴赏。为了提高他们的审美层次，可以就审美问题组织一些讨论，一来可以提高他们的审美水平，二来也可以丰富校园文化生活。教师本人如果有一定的欣赏能力，也可以在适当的时机参加讨论。

3. 重视校风,净化审美环境

校风优良的学校,人行其间往往能在所见所闻中收获美好的感受。校风对学生们审美情趣的形成有着十分重要的作用。它潜移默化地影响着学校中的每一个人。因此,教师一方面要注意自己的形象,维护良好的校风,另一方面要对学生提出要求,不能做出损害校风的事。

4. 引导大学生在各种社会活动中感受美

大学生的社会活动有自发的和学校组织的两种。无论哪一种社会活动,对大学生的提高都是多方面的,也给学生提供了审美机会,因此,在社会活动中只要正确引导,也能促进学生审美能力的提高。其中,特别重要的是各种文化活动,教师可以组织学生观看优秀文艺节目、文艺比赛等等,既可满足大学生的审美需求,也可培养他们的审美能力。

第二节　大学生心理素质的培养

心理素质是指人的心理发展水平,它是人的基本素质之一,对人的生活和工作都有着十分重要的影响。

一、大学生心理特点

作为大学生,心理发展水平一般有如下特点:

1. 自我意识进一步发展

自我意识表现为认识、情感、意志三个方面。属于认识方面的有自我感觉、自我分析;属于情感方面的有谦虚、自尊、自信、义务感、友谊感、责任感;属于意志方面的有自我调节和自我控制等等。

随着语言和思想的发展、社会交往的扩大和深化、文化知识的丰富,大学生的自尊心、荣誉感、好胜心迅速发展,独立的意识也有了进一步的发展。他们的注意力开始从外界转向自己的内心世界。他们开始思考人生,人生观、世界观、价值观也日益成熟。

2. 能够感觉到愿望与现实的矛盾

大学生往往有许多美好的愿望,但是,在当前的现实中,由于受到种种制约,这些愿望往往不能完全实现,这就产生了愿望与现实之间的差距。这种差距,会给他们造成一定的心理压力。如果处理不当,还会影响他们的心理健康。

3. 个性基本形成

随着生理发育成熟及心理的发展,大学生逐渐形成了自己的个性。他们富于理想和追求,对未来充满着希望,这使他们进取心强,积极向上,充满着青春活力。由于思维能力的发展,大学生的一些立场、观点和思维方法逐渐趋于明确化、稳定化和系统化。

4. 情绪情感波动大

一般地说,大学生的情绪情感还不够稳定。处于青年时期的大学生,情绪变化较快,容易爆发激情,这就使他们对某些活动表现出很大的热情,但有时也会导致一些考虑不周的行为出现。

二、大学生心理素质的培养

大学生心理素质的培养一般应当从如下几个方面入手：

1. 培养大学生的意志与承受能力

大学生的意志与承受能力对他们能否很好地发挥作用有很大的关系。如果意志或承受力较弱，则往往遇到一点困难就会退缩，遇到一点挫折就会消沉，这样就无法完成各种有难度的工作，对他们走向社会后发挥作用带来不利影响。

坚强的意志与较高的承受能力，在很大的程度上是人们在克服困难的实践活动中形成的。因此，作为教师，平时要利用各种机会有意识地锻炼和培养学生的意志与承受力。

需要注意的是，人的意志与承受力不是独立的，而是受许多其他心理因素影响的。因此，在培养大学生的意志与承受力方面，应当从如下几个方面入手：

(1) 引导大学生树立远大的理想，形成高尚的动机

理想是一个人前进的目标。理想越远大，越崇高，越会使人的意志和承受力变得坚强。有了远大的理想，相应的行为动机也是高尚的，这样的动机能够产生持久的意志力。

在艰苦的战争年代，革命先烈抛头颅洒热血，是为了使我们伟大的祖国摆脱受人控制、任人宰割的命运。在这样的理想和动机驱动下，他们把个人的安危置之度外，承受了巨大的牺牲和困难，表现出超常的意志力和承受力。	**例 10** 理想和动机

(2) 培养大学生健康积极的情感，激励他们的意志行动

健康积极的情感能够支持意志行动。因此，教师要注意培养大学生健康积极的情感，比如热爱事业、热爱祖国等。科学家们就是出于对科学研究事业的热爱，才能够长期在艰苦的条件下克服一个个困难，取得重大科研成果的。

在战争年代，战士们由于对祖国怀有深厚的情感，他们在战场上能够克服常人难以承受的困难，争取战斗的胜利。这种超常的意志与承受力，就是由情感支持的。	**例 11** 情感和意志

(3) 培养学生形成坚强而又有韧性的性格

性格是一个人对现实的态度及与之相适应的行为方式。性格与意志也有紧密的关系，性格刚强的人的意志也比较坚强。人的性格既与遗传有关，又与后天的环境有关，它是可以培养的。

大学生相对于中学生来说，他们的性格已经相当成熟，但还有一定的可塑性，教师可以通过交流思想等方式影响他们的性格，鼓励他们以坚强而又有韧性的态度对待困难和挫折。

（4）在实践活动中锻炼意志

人的意志的强弱只有在面对实际问题时才能准确地表现出来，人的意志也只有在克服困难的实际活动中才能得到有效的锻炼。因此，教师要重视各种实践活动对学生的意志的培养作用，要鼓励学生参加富有挑战性的、有相当难度的活动。

（5）加强自我的修养

自我修养的过程包括了意志的修养。比如一个人如果能够常常分析哪些失败是由于自己的意志不坚强而造成的，则对提高意志水平很有好处。因此，作为教师，要注意经常引导学生提高自我修养，反省自己在意志和承受力方面的不足。

2. 培养和调节情绪情感

情绪和情感是大学生心理素质的另一个重要因素。

（1）大学生情绪情感的特征

首先，大学生的情绪情感具有鲜明的层次性。比如对于本科生来说，一年级的新生，思乡思亲的感情较重，同时伴有成功考上大学的激动和轻松。二、三年级的学生对于大学生活已经适应，情感一般比较稳定。进入四年级之后，临近毕业会有紧张与不安，此时的情感一般比较复杂。

其次，相对于中学生来说，大学生的情绪情感比较含蓄，有的学生甚至会有意识地掩饰自己的真实情感。因此，教师在教育工作中要注意观察和耐心应对，要善于从各种现象中分析其真实的情绪与情感。

（2）培养良好的情绪情感

情绪情感的取向与表现方式，往往反映了一个人的心理发展程度。其中，情绪情感的取向指对情绪情感的内容与对象，比如爱祖国爱集体是一种好的取向，而对同学感情淡漠则是一种不良的情感取向。情绪情感的表现方式指人们在表现出情绪情感时对场所、时间、强度等因素的选择能力和控制能力的强弱。一个情绪情感发展良好的人，情绪情感的表现比较适度，既不过分，也不淡漠。相反，稍不满意就闹情绪，一点成功就眉飞色舞，小小挫折就唉声叹气，会给人以缺乏修养的印象。

因此，教师应当重视培养大学生良好的情绪情感。具体工作可以从下面几个方面入手：

第一，引导学生正确对待挫折。

对于大学生来说，适当地遭受一些挫折是正常的，甚至是有益的。因为只有遭受过挫折，才能学会如何对待挫折。因此，当大学生们遭受到一些挫折时，教师要注意引导他们正确对待，防止引发不良情绪。

第二，引导学生追求高尚的精神境界。

事实证明，许多不良情绪与人们对名利的追逐有关。因此，教师要注意引导学生，用自己的治学精神感染学生，要使他们懂得"淡泊明志、宁静致远"的道理。要使他们养成宽广的心胸，不要为琐屑之事斤斤计较，追求志向高远、无私无畏、心胸开阔、坦荡人生的精神境界。

第三，鼓励学生以幽默乐观的态度对待生活。

乐观是一种良好的生活态度，也是一种修养。教师要使学生懂得，微笑能使我们与痛苦保持一定的距离。对于同样的困难,乐观的态度与悲观的态度会使我们的情绪有很大的不同。

第四,教师要帮助学生合理转移不良情绪情感。

很多低年级大学生是初次离开家乡和远离父母,所以,他们的情绪情感经常处于一种不稳定的状态,一些同学甚至会忧郁不安。在这样的情况下,教师应当注意观察他们的情绪和行为,引导他们参加集体活动,用温暖、友谊以及关心来转移他们的思乡情绪。

同样,对于学生在生活与学习中的各种不如意,可以用转移法使他们从不良的情绪中走出来,让他们在学习的成功和教师的关心中得到心理补偿。

第三节　在社会活动中培养社会能力和提高心理素质

社会活动对培养大学生的社会能力和提高其心理素质有很重要的作用。因此,作为教师,要重视并利用各种社会活动来培养学生。

一、社会活动的类型

1. 校内活动

校内活动是指在学校内进行的社会活动。这是大学生最常见的社会活动形式。一般情况下,校内活动可以分为科研活动、体育活动、社团活动三个主要类型。

2. 校外活动

校外活动是指在学校外进行的社会活动。

校外活动的范围广泛,内容丰富,方式灵活。校外活动可以分为实习、社会公益活动、参观访问和游览等等。

二、社会活动的组织

1. 教师要正确、及时、适当地加以指导

学生是社会活动的主体。但是,教师要正确、及时、适当地加以指导。

其中,正确的指导是指教师要准确把握社会活动的主题、气氛与方向,使社会活动在培养学生的社会能力和心理素质方面起到良好的作用。

及时的指导是指教师要及时发现问题,及时纠正,使社会活动始终围绕着培养人的主题进行。

适当的指导是指教师在进行指导时要把握分寸,既不包办代替,也不放任自流。让学生在有引导的状态下尽可能独立地完成社会活动,使学生的社会能力和心理素质得到发展。

2. 教师要帮助学生选择有益的社会活动

首先,教师要注意对学生的社会活动的内容进行选择。大学生的社会活动要有利于发展社会能力和提高心理素质,并且要尽可能与所学的专业或他们感兴趣的内容有关。这样,大学生才能够以很投入的姿态参加社会活动,得到更多的收获。

其次,教师要注意选择接收学生的单位。对于校外活动,要注意接收学生单位的动机是否良好。比如对于一些想利用廉价劳动力的单位,甚至一些骗取学生无偿劳动的单位,要坚决拒绝,并且把情况通知学生,以提高他们的识别能力。一般的原则是,学生的劳动只能奉献给社会和事业,但不能无偿提供给一些营利机构和有营利目的的个人。如果不坚持这个原则,就会引起学生的反感,影响社会活动对人的培养效果。

第四节　大学生实践能力的培养

大学生如果仅仅具备一定的专业知识和技能但不能将其运用于实践,不能解决实际问题,是难以适应社会需要的。特别是随着社会经济的发展,物质生活条件越来越优越,独生子女越来越多,许多学生自小就很少参与社会实践。因此,培养大学生的社会实践能力,是当前高校在人才培养方面的一项重要任务。

一、大学生实践能力概述

1. 大学生实践能力的概念

大学生实践能力是指在社会实践活动中,大学生运用已有知识、技能去解决实际问题的能力。

实践能力最突出的特点表现为人们解决实际问题的能力。在工作环境中,表现为对完成工作任务的贡献水平。在生活环境中,表现为解决生活中遇到的问题的能力。

2. 大学生实践能力的特点

(1) 经验性。实践能力不是人们与生俱来的,也不是突然获得的,更不是在课堂上形成的,而是在长期的社会实践中积累起来的。

(2) 理论性。在积累经验方面,有理论指导的实践与没有理论指导的实践是不同的。一般地说,在有理论指导下的实践,经验的积累会更加有效和迅速。因此,我们在强调实践的同时,切不可忘记理论的重要作用,而作为高级专门人才的大学毕业生,其实践能力更是应当在理论指导下形成,由有认识意义的实践经验构成。

(3) 综合性。由于社会实践的复杂性,大学生的实践能力是一种综合的能力,如在社会活动中需要良好的表达能力、人际交往能力、组织管理能力,在生产实践活动中需要较高的实际操作能力,在遇到新问题时需要良好的分析研究能力等。

3. 大学生实践能力的分类

根据实践活动的性质,我们将大学生的实践能力分为基础实践能力、专业实践能力和综合实践能力三种。

(1) 大学生的基础实践能力

大学生的基础实践能力是指大学生在日常的工作、生活和学习中应该具备的实践能力。

大学生的基础实践能力主要包括表达能力、自学能力、人际交往能力、组织管理能力、环境适应能力等。

(2) 大学生的专业实践能力

大学生的专业实践能力是指大学生利用所学的专业理论知识解决社会和专业领域内的实际问题的能力。如:实际操作能力、数据分析能力、逻辑思维能力、实验能力、科研能力等。

（3）大学生的综合实践能力

大学生的综合实践能力是指大学生在已经具备了基础实践能力和专业实践能力的条件下，综合运用已具备的知识、技能，独立解决现实生活中的新问题、复杂问题的创新能力，其特点是具有综合性、独立性、主动性和创造性。

二、大学生实践能力的培养[①]

1. 重视大学生实践能力的培养

大学生的实践能力是他们在经济社会发展中发挥作用的重要因素。因此，有意识地培养大学生的实践能力，是高等学校的重要任务，必须加以充分的重视。

但是多年来，一些学校往往只重视学生理论知识的学习，对大学生的实践能力的培养重视不够。另一方面，一些学校把大学生的实践能力等同于动手或操作能力，这是不全面的，要正确认识实践能力的科学含义，努力培养大学生的基础、专业和综合三类实践能力，这样，对大学生的实践能力的培养才是全面的。

2. 创造良好的实践能力培养环境

环境是培养大学生实践能力的重要因素，包括硬环境和软环境。

在硬环境方面，主要包括大学生实践活动的基地建设，专业实验室建设，开展有效的模拟实验、实习等模拟实践教学活动。

在软环境方面，主要是对大学生实践活动的组织和管理，如统筹安排课堂教学和实践活动。科学合理的大学生实践活动评价制度，能激发学生参与实践活动的主动性。

3. 增强教师实践教学的能力

教师是实践教学的主体，其素质的高低对大学生实践能力的培养水平起决定作用。在实践教学中，教师要能够有效地引导学生参与实践活动，培养学生分析、解决问题的能力。这就要求教师必须具备充足的理论知识和实践经验，善于把理论知识灵活运用于解决实际问题中。教师应当重视科学研究工作，并经常深入企事业单位进行实地考察和参与实际项目或工程。

4. 实践教学的内容、形式等要落实到实处

在教学计划中，对实践教学的内容、形式、时间等要有明确规定。特别是要保证实验、实习、社会实践和毕业设计等环节的有效实施。

5. 提倡校企合作，培养大学生的实践能力

企业具有培养实践能力的良好环境，因此，高等学校要重视与企业在培养人才方面的合作，充分利用企业的环境来培养大学生的实践能力。

[①]　吴庭锋：《大学生实践能力培养途径探索》，载《广西大学学报(哲学社会科学版)》，2008(30)；张慧春、邢宝君：《论大学生实践能力培养的理念和措施》，载《山西高等学校社会科学学报》，2009(21)；刘兴亚：《浅析大学生实践能力的内涵》，载《吉林师范大学学报(人文社会科学版)》，2008(3)；赵建华：《大学生实践能力的概念、结构与影响因素分析》，载《中国大学教学》，2009(7)；周爱国：《关于大学生实践能力培养问题的研究综述》，载《江苏教育学院学报(社会科学版)》，2007(23)。

思考题

1. 苏霍姆林斯基曾经说过："我一千次地确认,没有一条富有诗意的、感情的和审美的清泉,就不可能有学生全面的发展。"爱美是人的天性,凡是热爱生活的人,总是表现出对美的渴求。然而,要从生活中感受美,挖掘美,创造美,是离不开审美能力的。大学生恰好处于人的一生中情感最丰富的时期,因此也是培养审美能力的良好时机。

请列举出现实生活中属于培养大学生审美能力的做法,并就如何实现这些做法分别加以论述。

2. 心理素质是人的基本素质之一,对人的生活和工作都有着十分重要的影响。随着高校大学生各类自杀或伤害他人事件的增加,大学生心理健康问题引起了社会的广泛关注。请思考大学生健康心理素质的培养,主要涉及哪些方面。

参考文献

1. 吴庭锋:《大学生实践能力培养途径探索》,《广西大学学报(哲学社会科学版)》,2008(30)。

2. 张慧春,邢宝君:《论大学生实践能力培养的理念和措施》,《山西高等学校社会科学学报》,2009(21)。

3. 刘兴亚:《浅析大学生实践能力的内涵》,《吉林师范大学学报(人文社会科学版)》,2008(3)。

4. 赵建华:《大学生实践能力的概念、结构与影响因素分析》,《中国大学教学》,2009(7)。

5. 周爱国:《关于大学生实践能力培养问题的研究综述》,《江苏教育学院学报(社会科学版)》,2007(23)。

德育对于促进学生德智体全面发展具有重要的作用,并且关系到社会风貌和民族精神。高等学校德育的基本任务是,培养学生具有坚定正确的政治方向,具有爱国主义思想、集体主义精神、鲜明的公民意识、健康的心理素质、良好的道德品质、科学的世界观和正确的政治态度。本章列出了大学生德育培养的内容和方法。

思想品德培养即德育。

德育对于促进学生德智体全面发展具有重要的作用,并且关系到社会风貌和民族精神。高等学校必须将德育放在教育工作的首要位置,使学校成为社会主义精神文明建设的重要基地。

高等学校德育的基本任务是,培养学生具有坚定正确的政治方向,具有爱国主义思想、集体主义精神、鲜明的公民意识、健康的心理素质、良好的道德品质、科学的世界观和正确的政治态度。

第一节　思想品德教育的内容

品德是德育理论的基本概念之一。所谓品德是指个人思想言行与一定社会的政治规范、思想规范和道德规范相一致的程度。

德育理论认为个体的品德结构包括政治品质、思想品质和道德品质。

政治品质,是个人的政治观点、态度和行为的统一。

思想品质,是指个人的思想状态、世界观和人生观等,是个人品德的内在基础。人们在各种实践活动中,在与外界的信息交流过程中,逐渐形成对世界的总看法,对人生目的、意义的根本看法和态度,即人的世界观和人生观。在世界观和人生观的指导下,逐渐形成的一定的思想体系,构成人的思想品质。

道德品质,是人所具有的反映一定道德标准的思想意识和行为方面的稳固特征。它包括道德意识和道德行为两个方面。在人类社会中,每个人都会在一定的伦理思想、道德规范的影响下,逐步形成自己的道德意识和道德行为习惯,即道德品质。

一、价值观

一般来说,价值是指人(主体)的需要与满足人的需要的外界物(客体)之间的一种关系。

当论及价值时,只有从与主体的人的关系意义上,我们才可以找到客体的价值。客体的属性是形成价值的客观基础,客体之所以能够有效地满足主体的现实需要,关键在于客体本身具有某种客观的属性,正是这种属性使客体能够体现出对于主体的有用性,从而在主体与客体之间形成相应的价值关系。

价值观是人们对事物的是非善恶和重要性的评价标准。人们在心目中把有关事物分出轻重主次,这种主次排列结构,就是个人的价值体系。

价值观是决定人们对待各种事物的态度和有关行为的思想基础。不同的人,往往有着不同的价值观,在同一客观条件下,具有不同价值观的人会产生不同的行为。

二、人生观

人生观是指对人生目的和意义的根本看法。即对人为什么要活着、应当怎样活着、生命的价值、生命的意义和怎样做人等人生基本问题的看法。

人生观影响和决定着人们对生活、学习、工作等问题的看法和态度。

大学生正处在人生的黄金阶段,处在人生观形成的关键时期。因此,对他们进行有效的人生观教育是非常重要的。

例 12	
几种错误的 人生观剖析	第一种是享乐主义人生观。这种人生观认为,人生的目的和意义就在于物质享受。这种人生观的错误之处,在于片面理解人生,忽视了人的崇高的一面和相应的精神需要,把人与一般动物等同起来。 第二种是极端利己主义人生观,认为人的一切活动只是以个人私利为核心。还有所谓的人都是主观为自己、客观为他人的说法。这种人生观容易导致个人主义,使人缺乏社会责任感。这种人生观的错误之处在于忽视了人的利他性的一面,无法解释许多人不求名利的奉献行为。 第三种是悲观厌世人生观。持有这种人生观的人认为人生是痛苦的,往往夸大挫折和困难,总认为命运不公。这种人生观容易使人失去生活的信心。这是一种病态的人生观,是一些人不健康的心理状态的反映。 第四种是实用主义人生观。这种人生观以极端功利主义的眼光看待一切,信奉有用即真理,做事不讲意义只讲对自己有用。这种人生观容易使人目光短浅,甚至使人迷入歧途,做出危害社会的事来。

三、道德观与道德实践能力

1. 道德的概念与内容

道德是调整人们之间以及个人与社会之间关系的行为规范的总和。它以善和恶、荣誉和耻辱、正义和非正义等观念,通过社会舆论、内心信念和传统习俗来评价和影响人们的行为。

从内容上来看,道德可分为社会公德、职业道德和婚姻家庭道德。

社会公德通常是指人们为维护社会正常生活而必须共同遵循的最起码的公共生活准则。它是道德体系中一个最为基础的层次。

婚姻家庭道德也是重要的道德领域,它对整个社会的道德风尚有较大的影响。

职业道德则是人们在职业行为中所应遵循的道德规范。加强职业道德教育和建设,不仅有助于形成良好的社会风气,提高整个社会的道德水平,而且有助于提高劳动生产率。

2. 道德观与道德行为

道德观是一种社会意识形态,是人们对道德规范的认识。

道德行为受道德观的影响,但是,道德行为还需要意志的支持才能实现。因此,具有良好的道德观并不一定能够带来良好的道德行为。但是,如果人们没有良好的道德观,就不会有良好的道德行为。

四、友爱与协作精神

春秋时期,孔子将"仁"与"爱"联在一起,形成了"仁者爱人"的观点,并将其作为处理人与人之间关系的道德准则。"仁爱"集中表达了同情、关怀和帮助的思想感情,体现了中华民族的传统美德。

在现实生活和经济生活中,等价交换原则的影响及个人主义的蔓延,使许多领域中人与人之间关系冷漠,甚至发生欺骗、欺诈等不良现象。但是,从另一方面看,正是由于社会竞争的日趋激烈,人们普遍感到压力越来越大,从而更加需要关心和帮助。此外,从社会发展角度看,许多工作只有通过合作才能完成。

因此,培养大学生的友爱和协作精神,也是教师的重要工作之一。

五、社会责任感和义务感

社会责任感是人们对自己在社会中的责任的情感体验。义务感是对自己应尽义务的情感体验。

有较强社会责任感的人会关心国家的前途,关心环境,关心他人。社会责任感能够引起对社会的奉献行为,比如救助贫困地区的行为等。目前,我国的志愿者队伍不断壮大,说明社会责任感在我国公民中是较强的。

同样,义务感也会使人们实现履行个人义务的行为。

加强大学生社会责任感和义务感的培养,无论对于学生个人还是对于整个社会来说,都具有重要的现实意义。培养学生的责任感和义务感,不仅可以使学生克服惰性和不负责任的心态,还可以使社会充满友爱的气氛,这对于社会风气的好转是十分重要的。

六、民族感情

民族感情是指对自己民族的一种崇高的感情,它表现为为民族的富强贡献力量的责任感和献身精神。在当代社会中,民族感情往往表现为爱国主义。

爱国主义是中华民族的优良传统和崇高美德,它集中体现了中华民族的民族精神、民族道德和民族情感。中国古代韩愈讲"以国家之务为己任",陆游提出"位卑未敢忘忧国",都是这种崇高美德的生动例子。

通过培养民族意识、民族自尊心和自信心、祖国观念,可以形成深厚的民族感情。这种感情会成为中华民族团结奋进的精神支柱,激励全体人民为祖国的繁荣而努力奋斗。

七、民主和法制观念

民主和法制观念的培养是当代大学生思想品德教育的一个重要内容。

社会主义市场经济本质上是法制经济,法律在社会生活中起着越来越重要的作用,已经成为社会有序发展的保证。大学毕业生作为具有较高知识水平的群体,不仅应当成为遵纪守法的典范,还要为维护法律尊严作出自己的贡献。

民主是社会进步的表现。要发挥民主的作用,就必须首先有具有民主意识的人。大学毕业生是建设国家的重要力量,应当具有强烈的民主意识和法制观念。因此,民主和法制观念的培养也是德育工作的重要内容之一。

第二节　思想品德教育方法

常用的思想品德教育方法有:说服教育、典型示范、行为实践、情境熏陶、引导自省、评价激励。

一、说服教育

说服教育是指通过摆事实、讲道理的方式培养大学生的思想品德的方法。

常用的说服教育的形式主要有课堂讲授、报告、谈话、讨论等。教师要善于结合学生特点、思想教育的内容和要求等选择适当的形式。

一般地说,进行说服教育要注意掌握如下几点原则:

1. 以理服人

说服教育实际上是一种说理的过程,教师通过讲道理的方式,使学生的思想认识向好的方向转化。

首先,说理要把理讲透、说清。为此,要求教师要掌握一定的逻辑知识和广博的社会知识。

其次,为了提高说服力,还要注意掌握有关事实。为此,教师在说服教育学生之前,要注意充分地调查和了解有关事实。

第三,要善于把握说服的时机。墨子有言:"多言何益?唯其言之时也。"学生的思想往往会不断地变化,教师要了解学生的思想变化情况,选择有利时机进行教育。

第四,要讲究针对性和准确性。不同的学生,或者同一学生在不同的情况下,可能会有不同的思想问题。教师的教育只有在准确地针对学生的思想问题的情况下,才能取得较好的效果。

2. 以情感人

以情感人的意思有两个方面。一是教师的出发点问题,指教师在说服教育学生时,在感情上要接近学生、爱护学生,要让学生体会到教师的关怀和爱护,这样就可以防止抵触情绪,提高效果。二是教育效果问题,指教师要能够在思想上打动学生,要让学生真正有所感受、有所思考、有所提高。

"感人心者,莫先乎情。"教师掌握和正确运用以情感人原则是非常重要的。情感能够加强说服教育的感染力,能够改变常常出现的枯燥说教现象,让学生在情感交流中潜移默化,让学生心情舒畅地提高思想认识。

3. 以表扬鼓励为主

一般来说,每个学生都有相应的优点与不足。教师要及时发现学生的长处,加以鼓励,对学生的不足,也应当及时批评。但是,教师要注意说服教育给学生的印象,不要把说服教育变成"长官训话",要让学生在教师说服教育的过程中明确努力方向、坚定信心、立志成才。

二、典型示范

典型示范法是用先进的典型人物或典型集体的事例来教育学生的方法。这种方法的原理主要是通过典型人物或事例把政治思想和道德规范具体化和目标化,从而为学生提供形象生动的思想品德教育。

教师在运用典型示范法时,要注意如下几点。

1. 善于发现和培养典型

运用典型示范法的关键是要有好的典型。因此,教师要善于发现和树立典型。

典型可以是伟人或英雄模范,也可以是学生身边的人。尤其是学生们自己的同类人,如优秀大学生、优秀共青团员、优秀共产党员,遇到困难但仍自强不息的人等。实际效果证明,与大学生的生活经历比较相近的典型,由于共同点比较多,可比性强,往往更容易使大学生产生共鸣。

2. 通过宣传典型来培养大学生思想品德

为了使典型起到良好的教育作用,教师要注意适当地宣传典型。

在宣传典型的过程中,要注意实事求是,这是使大家认同典型、发挥典型的正面作用的重要条件。

三、行为实践

行为实践法是指教师通过指导学生参加各种实践活动来培养其思想品德和养成良好行为习惯的方法。行为实践法对于培养学生的良好道德行为的作用尤其明显。

具体来说,行为实践法对大学生品德培养的作用主要表现在下面两个方面:

第一,有利于把道德观念外化为道德行为。大学生在学习生活中最主要的是接受理论知识。对社会和国情的认识也往往是从理论开始的。而行为实践有利于把这种理论和观念外化为具体的行动,使学生不仅仅知道如何行动,而且能够实现这些行动。

第二,有利于培养道德意志。在人们反映思想观念的行为过程中,知和行往往是有一定差别的,知主要依靠理解,而行则需要意志和毅力。这种意志和毅力,只能通过实际的行为实践来锻炼。

教师在指导学生进行行为实践时,需要注意如下几个问题:

1. 行为实践是全方位的

在指导学生进行行为实践时,教师要注意行为实践的内容是多方面的:既包括课程计划中的各种实践活动,比如各种实习等等,也包括课程计划以外的社会实践活动,比如学校组织的各种社会服务活动、课外实践性活动和社团活动等,还包括一些日常生活中的实践,比如要求学生在日常学习和生活中遵守规章制度等等。因此,行为实践实际上是一种全方位的实践,掌握这一原则对提高行为实践培养学生思想品德的作用是非常重要的,不然就容易造成学生在一些场合表现很好,在另一些场合却表现不佳,反而导致学生出现虚假行为等不良现象。

2. 指导行为实践是经常性的

行为实践对人的思想品德的培养作用,主要体现在贵在坚持上。因此,作为教师,要注意对学生行为实践指导的经常化,而不能松一阵紧一阵、时而指导时而放任。这样,就可以帮助学生在一贯的良好行为过程中提高道德行为能力,固化良好的行为习惯。反之,如果学生不同时间内分别表现为良好行为与不良行为,则不良行为就会冲淡良好行为对学生的培养作用。

3. 要及时了解学生的行为状态

教师及时了解学生的行为状态是正确及时地指导学生行为实践的前提。因此,教师要注意通过各种方式了解学生,并且对学生的情况进行分析,有目的地进行指导。

4. 要注意自己的形象

人的行为有一定的模仿性。对于青年学生来说,行为的模仿性会表现得更为明显。孔子说:"其身正,不令而行,其身不正,虽令不从。"因此,教师在指导学生的行为实践时,要十分注意自己的行为,要注意通过自己的良好行为,为学生树立学习的榜样,同时,这样还有助于树立教师的威信,提高学生对教师指导的接受程度。

四、情境熏陶

情境熏陶是指通过各种情境对学生进行积极的影响,潜移默化地培养学生的思想品德。

环境对人的思想品德有很大的影响。我国古语"近朱者赤,近墨者黑"所说的就是这个道理。

1. 生动性和间接性是情境熏陶法的重要特点

情境熏陶的重要特点是不直接批评教育,而是在各种活动中影响人的思想和感情。显然,这种方法容易使学生接受,一般不会产生抵触情绪。

2. 运用情境熏陶法需要注意的问题

(1)要选择和创造有利于学生身心发展的情境

情境可以分为两类:

一是自然情境,这是物质环境信息所形成的,比如秀丽壮美的河山、优美的生活和学习环境等,良好的自然情境能够使人感受到自然的美好,从而产生心情愉快、精神振奋的作用。

二是社会情境,这是人类行为信息所形成的,良好的社会情境能够使人感受到协作与友爱、公正与向上的气氛。

(2)情境熏陶是长期过程

情境对学生品德的影响是在潜移默化中逐渐形成的,是一个相当长的过程。所以,作为教师,要注意坚持长期地为学生营造良好的情境。实际上,虽然情境熏陶需要较长时间才能见效,但如果一旦形成影响,效果也相当扎实,不会轻易改变。

(3)教师要注意自己的形象

实际上,教师自己也是对学生产生重大影响的情境因素之一。因此,教师要时刻注意自己的形象,加强文化知识修养、思想品德修养,并且还要养成良好的行为习惯,使自己的一言一行都能对学生产生正面的影响。

五、引导自省

引导自省是指学生在教师引导下对自己的言行进行反思,从而不断地总结提高的一种思想修养方法。自省,或内省,即自我检查言行的优劣并且确定如何提高,在我国古代曾经受到大力提倡,影响也非常广泛。孔子的学生曾参在《论语》中说:"吾日三省吾身。"

引导自省方法的重要特点是这是一种充分发挥学生主动性的思想品德修养方法,自省的习惯可以使人终生受益。教师如果能够有效地引导学生进行自省,则效果往往比直接的说服教育更为明显,学生也不会产生抵触情绪。

作为教师,在使用引导自省法时需要注意如下问题:

1. 积极而正确地引导

自省往往只有在人们形成自省习惯或者是发生较大问题的情况下才能产生。对于一些学生来说,由于从小成长在家长倍加关爱的环境下,有问题时容易产生将原因归咎于他人或者环境,而不是分析自己的不足。因此,作为教师,要有意识地引导学生分析自己存在哪些过失,并且下决心改正。同时,还要注意引导学生多看到他人的长处,下决心学习这些长处。

2. 要使学生客观地认识事物

有益的自省既不能过分自责,也不能不负责任地将错误归咎于他人,而是要实事求是地认识问题。对于自己的确存在的不足,要勇于承认,勇于改正,对于他人的过失,自己也要提高警惕,避免出现同样的错误。

3. 要培养学生的自控能力

自省的意义在于不断地自我提高。学生在自省过后,要对存在的问题进行改正,这就需要一定的自控能力。实际上,常常有一些学生明明知道自己的不足,但就是难以改正。因此,作为教师,除了要引导学生进行自省之外,还要有意识地培养学生的自控能力,使自省能够切实起到约束不良行为的作用。

六、评价激励

评价激励是指通过对学生的思想品德表现进行评价来激励学生发展的方法。这种方法的意义在于,经常对学生的思想品德进行评价,可以使学生明确自己在思想言行方面的优点和不足,为自省提供内容。还可以在大学生群体中明确哪些同学在思想品德方面比较好,为其他学生树立起学习的榜样。

在进行品德评价时,要注意如下问题:

1. 要注意评价的及时性和针对性

学生在思想品德方面有某种异常时,教师要及时地有针对性地进行评价。这样,学生能即时得到老师对自己当前的品德水平的反馈信息,能够有效地触动思想,及时准确地调整自己的言行。

2. 要注意评价的深刻性

评价不仅仅是简单的表扬或者批评,而是要帮助学生进步。因而,教师在进行思想品德评价时,还要帮助学生分析原因,使学生通过教师的评价,能够有所认识,有所收获。

3. 要帮助学生树立信心与深刻认识问题

对于学生的缺点,一方面不能轻描淡写,要使学生认识到品德修养的艰难性。另一方面也不能使学生对发展失去信心。所以,如果学生存在某些比较重大的缺点,教师要一方面指出其严重性,另一方面要注意鼓励学生下定决心去改正缺点。

4. 要注意评价的全面性、准确性和公正性

评价要使学生接受,才能发挥良好的激励和引导作用。为此,教师要注意评价的全面性、准确性和公正性。为了做到这一点,教师要注意不要带着主观偏见去观察学生,也不要夸大学生的缺点或者优点,还要注意全面地了解学生和有关事情的背景,特别要注意发现学生表现出来的良好的思想或者行为。

5. 要注意发挥学生互评和自我评价的作用

除了教师评价学生之外,还有同学之间的互评和学生对自己言行的自我评价。一些学生比较在意同学之间的互评,因此互评对这类学生的作用较大。而学生自评往往对于促使学生自省有很好的作用。

因此,教师要注意充分发挥各种评价形式的作用,而不要长期依靠某一种单一的评价形式。

下面,我们给出大学生思想品德工作的两个实例。

一例是某高校的大学生品德综合测评手册。该测评手册中的许多内容为自评,也包括了一些辅导员的评价。这种方式有助于学生自省,提高思想品德水平。

另一例是某教师应用心理学原理做大学生思想工作的经验。由该案例可以看出,大学生思想工作有很强的科学性,是一门综合性很强的科学。作为教师,要不断地学习和提高自己,才能履行好育人的职责。

附3

某高校本科生的品德综合测评手册

第一部分　手册使用说明

为进一步加强大学生思想德育教育的针对性,提高学生品德测评的可靠性、公正性,提高学生自省自控能力,特制订本手册。

一、本手册的填写与检查

1. 本手册的使用对象是在校的全日制本科生。学生根据手册的要求,在完成要求的各项活动后填写。

2. 本手册每个学生一学年一本。手册平时由学生自我保管,在新学期开学两周内由班长收齐后交辅导员,对各项目进行检查和登记。

3. 手册中的表格除规定由辅导员填写外,一般由学生本人如实填写。如本人填写内容有弄虚作假的情况,则酌情扣除日常行为分。

二、本手册的使用

1. 本手册作为评选学生各种奖励的依据和填写学生毕业鉴定的依据;

2. 引导学生按照学校规章制度规范自己的行为,积极参加各类政治活动和社会实践活动;

3. 本手册每学期综合测评得分记入学生成绩单,并作为学生奖学金评定、评优、入党、就业的依据。(特等奖学金综合测评不低于 85 分、一等奖学金综合测评不低于 80 分、其他奖学金综合测评不低于 75 分;评优者最近两次综合测评不低于 80 分。)

第二部分　学生基本情况表

姓名		学系		专业	
性别		年级		学号	
出生年月		班级		寝室地址	
家庭住址		家庭电话		寝室电话	
家庭邮政编码		何时加入中国共产党		何时加入中国共青团	
本学年担任社会工作情况					
本学年参加注册社团情况					
本学期思想政治类课程的成绩					
科目					
成绩					

第三部分　思想品德情况记录

参加公益劳动或志愿者活动记录

时　间	地　点	内　容	组织者签名

奖惩情况记录

	时　间	奖励名称	奖励等级	颁奖单位
奖励				

处分	时间	处分名称	受处分原因	处分单位

集体活动参加情况				
时间	地点	名称	活动内容	组织者签名

参加非教学计划内的学习与讲座等情况记录			
时间	地点	内容	组织者签名

社会实践经历记录			
时间	地点	内容	辅导员鉴定

第四部分　思想品德综合测评得分表

基本分表		
内　容	满分	实际得分
拥护党的方针政策,关心国家,关心时事,参加学校组织的各项政治活动	15	
遵守规章制度、遵守法律、遵守和维护社会公德	15	
集体荣誉感、积极参加集体活动、团结同学、助人为乐、爱护公物	15	
尊敬师长、举止文明、诚实谦虚、言而有信	15	
学习认真刻苦、成绩好	15	
基本分小计		

续　表

突出事项加分表			
加分类别	实际事项	加分标准	学期总加分
省级以上奖励		一项 5 分	
校级奖励		一项 2 分	
社会工作表现突出		一项 3 分	
参加校运动会或竞赛活动		一项 2 分	
学期考勤全勤		2 分	
文明寝室成员		3 分	
参加无偿献血		4 分	
参加志愿服务		一项 2 分	
总加分			
扣分类别	实际事项	扣分标准	学期总扣分
受到处分		留校察看扣 10 分，记过扣 5 分，警告扣 4 分，通报批评扣 3 分	
个人仪表、举止明显不得体		每项扣 2 分	
本寝室卫生被评为差		每人扣 2 分	
旷课或迟到		每次扣 2 分	
无故不参加集体活动		每次扣 2 分	
逃避献血		每次扣 8 分	

附 4

应用心理学原理做大学生的思想工作①

随着社会的进步，改革开放引起了教育环境的巨大变化。与六七十年代的学生相比，现今的学生与社会的联系更频繁、更广泛，精神活动更丰富、更复杂。这就使传统的思想工作模式面临严重的挑战。用传统的教育手段去管理班级，我深感不仅"管"不好，甚至有点"管"不住了。在此情况下，我努力尝试，探索新路子，试图用心理学的原理开展学生思想工作、管理班级。现将工作实践中形成的粗浅的、尚不成熟的点滴体会与认识概述如下。

1. 满足合理需要，调动积极性

马斯洛的需要层次论认为，人有生理、安全、社交、尊重、自我实现五种基本需要。

---

① 选自蔡惠瑛：《心理学在班主任工作中的运用》，江苏电大思想政治教育研究会，1997 年年会论文。此处有改动。

　　班主任工作,说到底就是做人的工作。而人是活生生的复杂变体,对外界客观事物有着时时变化着的、各种各样的需要。只有满足了合理的需要,才有可能调动积极性。一般说来,我们无锡地区的学生不愁吃穿,生活稳定,安全有保障,前两种需要基本不成问题,而后三种需要则显得特别强烈。

　　一个班集体组建伊始,每一个学生都热切希望自己与周围的同学互相了解,建立并保持友谊,希望获得老师的信任和同学的友爱。这就是社交需要在新生身上的反映与体现。这种需求往往显得特别强烈。为此,每当新生进校,我安排的第一次班会,总以自我介绍为主要内容,以此来满足他们的心理需要。为了避免以家庭住址、毕业于哪所中学为内容的简单介绍,我总是率先坦诚地向同学们作自我介绍。我谈自己的经历,谈自己的性格、爱好、志趣,也谈自己的弱点和曾经有过的迷惘,谈得更多的是对这个班集体的信心和希望。我的坦诚感染了学生,他们纷纷走上讲台,滔滔不绝地自我介绍。新集体中社交的需要第一次得到了满足,陌生感很快消除了。学生与我、学生与学生之间的距离忽地拉近了许多,这为班集体凝聚力、向心力的形成打下了良好的基础。

　　但是,一个班级几十个学生,由于家庭环境不同,性格不同,会造成种种差异。这就需要针对具体情况做细致的工作。对升学失落感严重、自卑感强的学生,个性孤僻的学生,家庭遭遇不幸(父母中有亡故或父母离异)的学生,外地的学生,我尽可能给予比其他学生更多的关心、爱护。对他们的要求,我尽可能给予满足,力求创造一个充满理解、充满爱的环境和氛围,让他们充分感受到老师、同学是值得信任的,班集体是温暖的。这样做所产生的效果是令人惊喜的:他们承受关心、友爱的同时,对周围的同学也奉献了更多的关心和友爱。原先一些个性孤僻的学生,开始的时候,把自己封闭得紧紧的,后来也慢慢地开朗了许多,积极参加班集体的各项活动,热情帮助他人。

　　青年学生,无论是个人荣誉感还是集体荣誉感,都比较强烈。他们希望得到别人的重视,受到尊重,这就是尊重的需要。为此,我总是鼓励学生努力向上,多创佳绩。例如,让学生干部组织集体活动,在活动中让他们付出比别人更多的辛劳,也让他们培养、显示自己的组织才能和活动能力,从而获得同学的赞扬和信任,让他们满足因成功而受到尊重的心理需求,也让其他同学懂得只有为集体付出了自己的努力之后,方能赢得众人的尊重,懂得以作为求地位的道理,从而激励学生为班级、为学校、为祖国争光彩的豪情和雄心。所以,每当学生获得荣誉,取得哪怕是点点滴滴的进步,我都要努力去捕捉他们的“兴奋点”,在班内热烈地肯定、赞扬,让他们满足受尊重的需要,不断让他们自我“充电”,从而激励他们在原有的基础上更加奋发努力,去争取更大的进步与成绩。例如,我班曾有一名同学获得某社会团体设立的奖学金,我就大力宣传,达到了“成功一个,调动一片”的效果,班内形成了一种积极向上的气氛。

　　如果说当学生取得成功、进步时需要受到尊重的话,那么,当学生遭到挫折、失败甚至犯错误时,这种尊重的需要就显得更为突出。恰当地加以处理,可以收到意想不到的效果。

　　一次,我班有一个女同学在感情上遇到了麻烦,很痛苦,希望能跟我聊聊。我尊重她的意见,时间安排在晚上。她又提出不要开灯的要求。这要求看似荒唐,实际上是她顾虑太重,不愿在“光天化日”之下面对我。我理解一个女孩子此时此刻的心情,满足了她的要求。两个多小时的谈话过程中,我冷静地听她倾诉,听她诉说她的困惑、她的迷惘、她的痛苦;我投入地与她交谈,谈我的看法,帮她分析情况,权衡利弊,指出解决问题的方法与途径。整个谈话过程,有中肯的批评,有深深的理解,不带偏见,更没有丝毫歧视。谈话结束了,她对我说了这样一番话:"蔡老师,谢谢你,我心里轻松了许多,好像去掉了一块大石头。请您相信我,我会照您的话去正确处理好的。"这以后,她情绪慢慢转入正常。毕业后她来信说:"……感谢您那时把我从泥潭中拉了出来。……我永远不会忘记我曾经拥有一个母亲式的老师。"今年元旦,她在寄给我的贺卡中这样写道:"无论何时何地,我都无法忘却您曾给予的教诲和帮助……"假如当时我不满足她"不要开灯"的要求她就不会敞开心扉,我也就不能对症下药;如果我在谈话中一味批评指责,她会更沮丧、更消沉,结果就可能完全相反了。

总之,青年学生的需要是丰富多彩的。他们既有完成学业、立志成为人才的需要,也有积极参加社交活动、寻求友谊的需要;有关心祖国和世界大事,特别是了解与自己专业有关的一些方针、政策的需要,又有观赏电视、电影、文学艺术作品,进行娱乐活动的需要;有长远需要,有眼前需要;有合理的需要,有不合理的需要。我们班主任应根据他们心理活动的特点,不断寻找、发现、把握学生思想情绪的"兴奋点",最大限度地调动积极性,有效地进行思想教育。

2. 把握"脉搏",调动情绪

要做好学生的思想工作,必须研究学生的情绪。情绪的好坏,直接影响人的活动能力。积极情绪可以促使学生奋发努力,刻苦学习,勤奋工作,效率高;消极情绪则会使学生抑郁不振,减弱斗志,降低学习效果。影响情绪变化的原因虽然比较复杂,我也还无法把握其中的规律。但是,在工作实践中,我有意识地注意保护学生的增力情绪,转化减力情绪,控制消极的爆发情绪,收到了比较好的效果。学生身上的增力情绪常常具体表现为积极向上、朝气蓬勃、轻松愉快、镇定自若、对未来充满信心等等;减力情绪则表现为不满、逆反、愤怒、烦闷、悲哀、痛苦、沮丧、疑虑、焦躁甚至颓废绝望等等。

在班级管理中,我主要是通过正面教育,讲正气、树正风,组织集体活动来保护他们原有的增力情绪,不断诱发产生新的增力情绪。例如:组织各种学习小组,学习党的历史、中国近百年的历史、当前国内外大事;开辟"大学生论坛"举行各种演讲比赛、辩论赛、专题讨论、系列讨论;开展小型趣味运动赛;举行"假期社会调查汇报会"、"新学期我的新目标"主题班会、"心灵手巧展示会";建立"班级日志",实行"班长值日制"——人人当一天班长;与市武警中队建立"军民共建"关系,一起植树,一起打扫卫生,同台演出。在一系列活动中让学生充分展示自己的组织能力、活动能力、表达能力,展示自己的青春风采和才华,在产生成就感的同时,受到激励,使增力情绪在潜移默化中得到保护和发展,减力情绪得到转化和调节。这样做了一年,班内呈现出一系列可喜的现象:集体荣誉感、社会责任感、参与意识增强,正气上扬;对学习、生活、未来充满信心;整体素质得到提高。以某班为例,全班学生顺利毕业,一人被评为校级优秀毕业生,四人被评为市级优秀毕业生。该班两次被学校评为先进集体。现在,他们已走上工作岗位。跟踪调查显示,用人单位普遍反映满意,不少人已成为业务骨干,有的成长很快,已被提拔到领导岗位,有的已被派往驻国外办事处工作。青年学生由于心理定势还不稳固,自控、调节的能力较差,容易引起情绪波动,产生爆发情绪。消极的爆发情绪,容易使人失去理智的思考,一遇强烈刺激就头脑发热,容易产生简单粗暴的举动,甚至引起严重的不良后果。这种消极的爆发情绪是不成熟的表现,是学习工作的阻力,是事业的障碍。一般情况下,这种消极的爆发情绪都是由一些偶然事件诱发的。遇到这类情况,我总是详细了解事情的始末,耐心地分析,晓之以理,动之以情,帮助学生提高辨别力,最后达到让学生自己控制消极情绪的目的。

总之,学生的思想政治工作是一项十分细致复杂的工作,不仅需要我们要有强烈的事业心和高度的责任心,做到热心、知心、细心、耐心,还需要我们把握学生的心理活动规律,讲究科学的管理方法,讲究工作的艺术性。

思考题

1. 在德育过程中,作为教师,如何才能做到积极而正确地引导学生?
2. 为什么道德行为往往需要意志的支持才能实现? 请结合身边的事例分析之。

参考文献

1. 蔡惠瑛:《心理学在班主任工作中的运用》,江苏电大思想政治教育研究会 1997 年年会论文。

　　大学生发展评估是对大学生德、智、体、美等方面和
行为变化的动态评估。本章介绍了大学生发展评估的
几个重要方面，并给出了评估方法和问题诊断方法。

第一节　大学生发展评估指标

正确对大学生的发展情况进行评估与诊断,对于把握当代大学生的思想动态,了解他们的发展状况,为教育工作提供相应的参考和评价依据都具有重要意义。

大学生发展评估就是根据培养目标,对学生德、智、体、美等方面的发展水平进行判断。评估的内容一般分为五个方面:(1)政治思想评价,主要看学生的政治思想、品德、态度、行为、情感等;(2)学力评价,即学习效果评价以及学习过程的诊断性评价;(3)智能评价,是通过智力测验或者考试,测评学生的学习成绩,供学生学习及就业参考;(4)体质健康评价,是对学生的身体发育、体力、精力、卫生习惯等作出评定;(5)个性发展评价,即对学生的兴趣、意志品质及个性特长的评价。

本章把上述各方面归纳为对大学生的品德、认知能力、心理素质、社会能力、身体素质五个方面的评估。

一、品德评估

评估(evaluation),就是测量与估计人或事物的状况或价值。

品德,亦称道德品质,是指人们的一定社会道德原则和规范在其思想和行为中表现出来的较为稳定的特征和倾向。

个人的品德体现在他一系列的认识、情感和行为中,尤其是在个体作出利益选择时,它的品德更能充分地体现出来。一般来说,品德由四个方面构成。

1. 道德认识

道德认识亦称道德观念,是指对道德行为准则及其执行意义的认识,其中包括道德的概念、命题、规则等。道德认识的产物是个人道德价值观念的发展。

2. 道德情感

道德情感是因人的道德需要是否得到满足而引起的一种内在体验。它伴随着道德观念并渗透到道德行为中。

3. 道德意志

道德意志是道德认识的能动作用的体现,是根据自己的道德观念,克服非道德欲望的能力。它通过理智的权衡作用去解决道德生活中的内心矛盾,是支配行为的力量。

4. 道德行为

道德行为是在道德动机驱动下的行为表现,道德行为是评价行为者的品德水平的主要依据。因为道德行为是社会、教育工作者要求个人达到的目标。

因此,分析大学生的品德主要不是看他认识到什么,而是看他的言行。一个欲望强烈而缺乏自制的人,在行为上很可能与他原有的是非观念矛盾,从而做出与其道德认识相违背的行为。

大学生的品德评估在其发展评估中占有重要地位。

二、认知能力评估

认知,就是接受、加工、储存各种信息的过程,也就是人脑对客观事物进行反映的活动过程。认知过程一般包括产生感觉、知觉、思维、记忆等活动。

认知能力发展是个体心理发展的重要组成部分,一般指大脑生长和形成知识技能等。

(一) 认知评估的内容

具体来说,大学生的认知能力评估主要评估如下几个方面:

1. 评估注意的发展水平

注意是心理活动对一定对象的指向和集中。它的功能有:选择功能,即对信息进行选择;保持功能,即在一定时间内保持注意力;对活动的调节和监督功能,即可以控制活动向着一定的目标和方向进行,使注意适当分配和适时转移。

根据一些学者的研究,大学生的注意力主要有以下四个方面特点:

(1) 注意的范围扩大

有关测验表明,在 0.1 秒内,大学生能注意到 4～6 个没有联系的外文字母,有联系的注意的范围可以达到 10 个左右,而一般人只能注意到 2～3 个。

(2) 注意的稳定性增强

中小学生能稳定地注意某一事物的时间为 25 分钟,而大学生的注意时间要更长一些。

(3) 注意的转移更具有主动性

大学生由于认知能力的发展,学习的目的性明显增强。因此,在注意的转移方面更具有主动性。

(4) 注意的分配趋于熟练

同样由于上述原因,大学生在注意的分配上趋于熟练。他们可以一边听老师讲课,一边记录听课内容,同时还可以思考分析接收到的信息,能够在几个方面协调而且熟练地分配注意力。

2. 评估记忆的发展水平

记忆就是过去经验在人脑中的反映。记忆是一个复杂的心理过程,包括识记、保持、再认(或回忆)三个基本环节。

与中学生相比,大学生记忆具有如下特点:

(1) 较多地进行有目的的记忆。他们往往能根据学习要求、课程特点、自身需要等情况,确定记忆任务,有意识地使用意志力量来坚持记忆。

(2) 意义理解记忆占主导地位。大学生在学习过程中,注重理解,追求知识的消化吸收。

(3) 记忆品质得到了全面发展。在原有的认知基础上,大学生记忆的敏捷性、持久性和准确性等品质得到了全面发展。

3. 评估思维的发展水平

思维是人脑试图反映客观事物共同的、本质的特征和内在联系的过程。这一过程可以表现为分析、综合、比较、抽象、概括和具体化等各种形式。

大学生的思维发展水平一般具有如下特点。

（1）能够通过假设和理论观念进行思维

大学阶段，由于理论水平的提高，对假设的理解发展到一定的水平，思维更加抽象，他们对非物质性的事物有很大的兴趣。这也是大学生喜欢哲学的原因之一。

（2）思维更注重未来、自我分析、人际关系

从思维内容来看，考虑未来、对未来生活作出决策，成为大学生的一种思维模式。除科学的、哲学的思考外，又增加了自我分析与人际关系的思考。

（二）认知能力评估方法

对于认知能力的评估，要依据一定的指标进行。认知能力评估指标，对应于认知的各个方面，一般指注意能力、观察能力、记忆能力、想象能力和思维能力等。具体的方法一般涉及观察法、测试法、情景测验法等。

认知能力评估过程一般为：首先制定或者选择评价指标；然后利用各种方法收集评价信息，比如观察、测试等等；然后判定评价对象达到评价标准的程度，给出测量结果；最后，有时还需要对测量结果进行分析、综合，得出进一步的结论。

三、心理素质评估

心理素质是人对事物的反应与态度方面表现出来的品质。

心理素质评价方法有心理测量和日常观察两类。常见的心理测量有智力测验、性格测验、操作灵敏度测验、品格测验、能力测验等。

心理素质评价的内容比较多，这里主要讨论一下大学生的情绪、意志等方面的特点。

（一）情绪

大学生的情绪特征主要体现出以下几个方面的特征：

1. 情绪比较高亢兴奋

大学生正处于青春期，"血气方刚"，心理学家霍尔（G. S. Hall）把青年期情绪描写为"疾风怒涛"。大学生容易受外界情境气氛的影响，或受革命理论、文艺作品的感染，有时会产生激情。这与一些生理因素有关，比如青年人的神经活动兴奋过程往往优于抑制过程，肾上腺激素的分泌增加会引起情绪兴奋等等。

2. 情绪易起伏波动

大学生情绪的一个显著特征就是起伏波动大，他们会因为一场球赛的胜利而欣喜若狂、激动狂叫，也会因遇到一些暂时的挫折而恍惚沮丧、灰心丧气。

3. 文饰性

与中学生相比，大学生由于年龄较大、经验较多，有一定知识修养等原因，情绪的表现比较含蓄。同时由于自我意识的发展，在某种程度上他们也能控制自己的情感。

大学生常见的因情绪不良引起的思维问题有：情绪化推理；过度引申；任意推断；猜心思；以偏概全；绝对化。

（二）意志

意志是人们在需要克服困难的情况下有目的地控制、调节自己行为的能力。在存

在困难的情况下完成某种任务,需要具有较强的意志。

在完成某种行为时,人所表现出来的意志强弱与对该行为的认识有关,也与所经历的各种磨难对人的锻炼有关。

与中小学生相比,大学生的意志主要有如下特点:

1. 意志更加坚强,能够完成需要较长时间努力才能完成的难度较大的行为。

2. 意志行为理性化,比如大学生常常在实现自己理想的行为中表现出较强的意志。

3. 意志行为高尚化,比如大学生常常在一些有社会意义的活动中表现出较强的意志。

4. 意志行为自觉化,大学生常常有意识地坚持意志行为。

对意志的评估方法主要有意志测验与日常观察两种类型。其中,意志测验需要专门设置一种情境,考察人能够忍受的极限。日常观察由于不需要专门的时间和设备,因此在评估大学生的意志时是经常采用的。

四、社会能力评估

社会能力一般包括社交能力、协作能力、组织与领导能力、审美能力等。

一般地说,社会能力评估的最可靠方法还是实际观察,但这种方法需要的时间较长。因此,一些单位在招聘时,往往采用面试或心理测试的方法来评估社会能力。

五、身体素质评估

身体是指人的生理组织的整体。

身体素质评估就是评估身体的发展水平和状况。

身体素质评估可分为运动能力评估、发育状态评估、健康评估三类。

1. 运动能力评估

运动能力评估的指标主要是耐力、速度、灵敏度、柔韧性等。这些指标,可用跑、跳、投掷、攀登等运动的能力水平来度量。

2. 发育状态评估

发育状态评估的指标为分两类:

(1) 形态指标:包括长度(身高、坐高、上下肢长、手足长等)、围度与重量(体重、胸围、上臂松紧围、大小腿围等)、宽度(肩宽、骨盆宽等)、体型(反映身体各部分比例的指数)、身体成分(皮下脂肪厚度、总脂肪量、去脂体重等)、骨骼及性发育指标。

(2) 机能指标:包括肌力(背力、握力等),安静时的脉搏、血压、肺活量等。

3. 健康评估

健康评估指对学生是否患有某种疾病、身体不适的频繁程度进行评估。评估方法主要依靠体检和平时观察。

另外,国家对于大学生在体育方面的要求也作了明确规定。1990 年 10 月国家教委相继颁布了《大学生体育合格标准》及《大学生体育合格标准实施办法》,在身体形态、身体机能、视力状况,及体育课、课外体育锻炼等方面作出规定,为我国大学生身体素质评估提供了依据。

第二节　大学生发展评估方法

一、考试

考试这一形式在我国有悠久的历史,形成于隋唐时期的科举制就是一种考试制度。一般的书面考试是通过试题来实现的。试题分为主观性试题和客观性试题两类。

1. 主观性试题

主观性试题的评分是由评分者通过分析判断来确定分数的,一般没有唯一的标准答案,允许学生自由地表达见解。评分标准往往是通过语言定性描述的,比如"分析深刻给 90～95 分、特别优秀给 98～100 分、分析较深刻给 80～89 分等等。

主观性试题比较适于测量较高层次内容,如分析概括能力、组织表达能力、讨论问题能力等等。此外,主观性试题还能在学生的答案中包括学生的思维过程,有利于教师从中进一步分析学生存在的问题,为及时调整教学内容和方式方法提供较全面的信息。

主观性试题由于答案不唯一,所以比较难以用计算机评分,因而在评分过程中的工作效率较低。对于教师来说,也需要花费大量精力来仔细阅读学生的答案。另外,主观性试题由于依靠教师的主观评价给分,考试结果的客观性也较差,容易产生争议。

2. 客观性试题

客观性试题有严格数量化的评分标准,答案往往具有唯一性。

客观性试题主要有选择题、是非题、匹配题三种题型,其中选择题应用最为广泛。

客观性试题的优点主要有:

(1) 评分标准客观,争议少。

(2) 由于通过符号而不必通过语言描述来表示答案,因此可以利用机器来阅卷,从而极大地提高了阅卷速度,节省了大量的人力物力而又保证了阅卷质量。

(3) 由于可以通过符号表示答案,从而提高了解答题目的速度,为增大题量提供了条件,从而可以扩大考试的覆盖面,提高测验内容的全面性。

当然,客观性试题由于答案唯一,对于某些本身就存在多种答案又难以穷尽各种可能的内容(比如某些文科类课程)不太合适。此外,用符号表示答案有看不到学生思维过程的缺点。

二、观察与调查

1. 观察法

观察法是指通过观察学生各方面的表现来评价其发展水平的方法。这是一种最简单、最基本的评价方法。

观察法的特点是比较简单,但如果是在完全自然的情况下进行观察,这种方法需要较长时间才能得到可靠的结果。人们为提高效率,有时采用面试等短期的主动试探的观察方法,或者有意设置情境的观察方法,但结果的可靠性也不是很高,因为在某些考查项目中应答者是可以伪装的。

2. 调查法

调查法是指通过座谈、访问、问卷等形式,系统地向熟悉被测评对象的第三者或被测评对象本人收集信息,来评估被测评对象的发展水平的方法。

常用的调查法有访问、座谈、问卷、测验等。其中,问卷法主要是通过设计问卷、发出问卷、回收问卷、分析问卷等来收集信息并评价学生发展水平的。

例 13 设计情境试验来观察学生的协作观念与能力	大学生发展评估是一种科学性很强的工作,许多学者都研究过如何科学有效地观测学生的发展水平问题。 　　下面是心理学家明顿(Minton)所设计的用来观测学生协作观念与能力的一个试验。① 　　试验方法如图所示,一个小口大玻璃瓶中装有若干个用纸做的圆锥体,每个圆锥体的顶端都系有一根细绳,细绳的一端在瓶外。被试可以用拉细绳的方法将圆锥体拉出瓶外。但瓶口很小,人们每次只能拉出一个圆锥体而不能同时将两个以上的圆锥体拉出。玻璃瓶的底部接一水管,不断地向瓶内注水。测验时,每个被试各拉一根绳,要求在最短时间内拉出属于自己的在瓶内的圆锥体,如果拉的时间过长,就会由于水从瓶底逐渐上升而浸湿圆锥体,谁的圆锥体被水浸湿,算谁没有通过试验。在这种情况下,若参加试验的学生彼此不顾别人,都想最快地把自己的圆锥体拉到瓶外,则就会在瓶口堵塞,谁也拉不出来。时间一长就会由于水面上升则使所有学生全部失败。实际上,老师的真正目的是观察谁在试验中最有谦让精神。 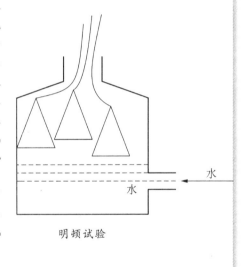 明顿试验

第三节　大学生发展问题诊断

一、大学生发展问题诊断的意义

大学生发展评估的真正意义,在于为分析大学生的当前发展状态和存在的问题提供依据,教师可以有针对性地采取措施,以有利于学生的发展。

二、心理健康与心理障碍

心理健康,是指学生具有正常协调的知、情、意、行,善于处理自身与外部世界各种

---

① 选自胡卫:《学生品德测评》,华东师范大学出版社,1992 年版,第 214 页。此处有少量改动。

关系的心理品质和心理状态。它是保障学生思想品德、知识能力、劳动技能及审美能力等全面正常发展的基础,也是学校心理素质教育的主要目标。

心理健康的标准一般包括:智力正常;有安全感;情绪稳定;心情愉快;意志坚定;对自己有充分的了解,并作出恰当的评价;适应能力强;能够面对现实;人际关系和谐;人格完整和谐;睡眠正常;生活习惯良好;心理和行为与年龄相符。

大学生心理健康状况有时会存在一些问题。比如出现强迫、抑郁、焦虑、恐怖、偏执等症状。具体表现往往有"过分担忧"、"感到苦闷"、"容易烦恼和激动"等。

这些状况的产生,既与大学生的生理发展阶段有关,又与整个社会发展背景有关,是各种因素综合作用的产物。

大学生中常见的心理障碍症状主要有如下几种:

1. 抑郁

抑郁是指一种以悲观、低落为主要特征的情绪障碍。表现:(1)在情绪方面,长期陷于情绪低潮,有时会想到以自杀的方式来结束精神痛苦;(2)在认知方面,以"灰色"的心情看待世界,对人、对己、对事物都具有相当消极的看法;(3)在动机方面,对大部分事物都没有兴趣和反应;(4)在生理方面,体重减轻,睡眠失常,四肢无力,易疲劳。

2. 恐惧焦虑

恐惧焦虑是指大学生在对于未来、社交或考试等方面由于心理矛盾或过度期望所引起的在一定时期内出现的紧张心理状态。

研究表明,女大学生的考试焦虑往往高于男大学生,特别是在紧张和伴随生理反应的不安因素上,女生明显高于男生。对于考试结果,女生比男生更介意,而男生比女生有更强烈的厌恶和批判情绪。在焦虑出现的时间上,女生一般是在考试前,而男生在考试过程中的紧张感更为强烈。

3. 神经衰弱

神经衰弱是指由社会心理刺激引起的大脑功能性疲劳。是大脑兴奋与抑制功能紊乱,伴随着消极的情绪体验和精神过度紧张而出现的一种障碍。它是大学生中一种常见的心理障碍,它主要是由于大脑过度疲劳和精神负担过重引起的。尤其是近年来就业压力增大、考研热逐年升温,使大学生中的神经衰弱现象变得更加普遍。

4. 人格障碍

主要表现为:冲动、过分争强好胜、刚愎自用、狂妄自大、盲目轻率、懒惰、逃避现实、自卑胆小、畏首畏尾、优柔寡断。

具体表现为几种类型:

无情。一般从小养成,说谎、破坏公物、对抗长辈,对人缺乏感情。

多疑。表现为固执、多疑、情感不稳、心胸狭窄、易妒忌;自我评价不高,对挫折、受到羞辱或阻碍的情况过分敏感,且在遇到挫折时易于责备别人或推诿客观;不友好、易与别人发生摩擦。

行为偏离或者认识偏离。主要表现可分为两类:一类是行为过失,比如酗酒、偷窃、吸毒、诈骗等,另一类是对事物的判断与理解偏离正常人,比如过分期望高薪水或高职位、遇事烦躁不安或无所适从、自卑或盲目从众、过分固执等等。

对于心理障碍,可以从如下几个方面加以解决:引导学生确立适当的奋斗目标和积极的人生观,帮助学生建立积极的认知体系,引导学生学会自我接纳和认可;珍惜自己的品德和荣誉,建立自信心;引导他们注意控制情绪,保持情绪心境;鼓励交往等等。

对于一些严重的心理障碍者或一些严重的行为偏离者(比如偷窃、诈骗等),如果的确无法改正,且对正常的教学环境产生破坏性影响,则只能令其退学。

三、学业不良

学业不良指学生的学习成绩长期低下。一般学生偶尔有一两门课程不及格,不是学业不良。

造成学业不良的原因,实际上很少是因为智力水平低,多数是因为心理方面的问题,比如人格障碍等。学习方法不当也是一种比较常见的原因。另外,也有少数学业不良是由经济等其他客观原因造成的。

因此,对学业不良,要注意细致地、准确地分析其原因,采取相应的治理措施。

思考题

1. 为了提高大学生身心发展水平,需要对大学生进行评估。请问,大学生发展评估指标主要有哪几方面?请列举并加以简述。

2. 大学生发展评估的方法有哪几种?请加以论述。

参考文献

1. 胡卫编著:《学生品德测评》,华东师范大学出版社 1992 年版。

　　本章着重从培养层次与培养目标两个角度阐述大学生类别与教育特点的关系。现行高等教育按培养层次可分为三个层次,由低到高为:专科教育、本科教育和研究生教育。为满足和适应社会的不同需要,我国高等教育所培养的人才类型,通常可分为:科研型人才、技术型人才、管理型人才和复合型人才等。

本章着重从培养层次与培养目标两个角度阐述大学生类别与教育特点的关系。现行高等教育可分为三个培养层次,由低到高为:专科教育、本科教育和研究生教育。为满足和适应社会的不同需要,我国高等教育所培养的人才类型,通常可分为:科研型人才、技术型人才、管理型人才和复合型人才等。

第一节 培养层次与教育特点

一、专科教育特点

专科教育是在高中或同等学力教育基础上进行的比本科学习年限短的专业教育,它同本科教育、研究生教育一样都是我国普通高等教育体系中不可或缺的重要组成部分。

专科教育主要有如下特点:

1. 以应用型人才为培养目标

专科教育的培养目标,是培养能够坚持社会主义方向、适应基层部门和企事业单位生产工作第一线需要的德智体诸方面都得到发展的高等应用型专门人才。在专科教育的过程中,一般按照"面向社会、面向经济、从实际出发,德智体全面发展,妥善处理基础理论与专业知识的关系,妥善处理理论与实践、知识与能力的关系和整体优化"等基本原则,精心制定教学计划,认真组织教学活动,大力加强实践教学环节,加强理论与实践的联系,培养合格的专门人才。

2. 以市场为导向的专业设置

专科教育培养周期较短,其专业设置往往以市场为导向,以行业为依托,针对地区、行业经济和社会发展的需要,按照技术领域和职业岗位的实际要求来设置和调整专业。专业设置口径可宽可窄,灵活性较大,为社会培养高等技术应用型专门人才。

3. 以能力为本位的课程设置

在课程设置上,专科教育注重知识的广泛性、融合性和实用性,而不强调各门学科知识间的系统性、完整性和连贯性,主张把知识与技能分解为若干知识单元与技能单元,建立起与学科体系不同的模块化综合课程体系。专科教育一般以能力为本位,以培养技术应用能力为主线,设计学生的知识、能力、素质结构和培养方案,以"应用"为主旨构建课程体系。

4. 实践教学环节相对突出

专科教学一般比较突出理论知识的应用和实践动手能力的培养。基础理论的教学以够用、必需为主,要减少理论推导,着重理论的应用。与本科生的教学相比,在课堂教学中的课时数较少,习题课比重较大,以强化学生应用理论的能力、强化实践教学环节,使学生受到较好的专业训练和实践能力的培养。

二、本科教育特点

本科教育是高等教育的主体。本科教育质量反映了一所大学的基本教育水平和学校在社会上的声誉,是衡量高校教育质量的重要指标。

1. 培养目标特征

我国本科教育的培养目标是：(1)具有爱国主义和国际主义精神,拥护中国共产党的领导,拥护社会主义,愿为社会主义事业服务；(2)通过马克思列宁主义、毛泽东思想的学习和一定的生产劳动、实际工作的锻炼,逐步树立无产阶级的阶级观点、劳动观点、群众观点、辩证唯物主义观点；(3)较好地掌握本门学科所需的基础理论、专门知识和基本技能,尽可能地了解本学科范围内科学的新发展,具有初步的科研能力和一定的分析与解决问题的能力,熟悉一门外国语；(4)具有健全的体魄。

2. 专业设置特征

本科生的专业设置既要考虑社会需要的行业特点,也要考虑科学知识的分类体系的特点。因此,一般说来,本科教育的专业比专科教育的专业要宽泛一些。我国教育部对正规院校的本科专业有标准目录,各学校一般应根据这个专业目录设置专业。

3. 教学制度特征

综观近百年世界各国教学制度的模式,主要有两种。一是学年制,通过一定的教学计划,在学习年限内,学生完成规定的课程及其教学环节,达到预期的人才培养目标和基本规格。二是学分制,将教学计划规定的课程及其教学环节,以学分的形式进行量化,学生的学习不受学习年限的限制,以完成在一定范围内规定的学分量为手段,达到预期人才培养的培养目标和基本规格。

4. 学位特征

与专科教育不同的是,本科教育是学位制度中的基础层次,学习成绩较好的本科生如果通过了毕业论文答辩或者毕业设计答辩,就可以获得相应系列的学士学位(我国目前有哲学、经济学、法学、教育学、文学、历史学、理学、工学、农学、医学、军事学、管理学十二个学位系列)。

三、研究生教育特点

研究生教育是继大学本科教育后的高一级教育,是高等教育体系中的最高层次。

1. 培养层次特征

与专科生及本科生都不同的是,研究生教育本身存在两个培养层次,即硕士学位研究生与博士学位研究生。我国硕士学位研究生的学制一般为两年半或三年,博士研究生的学制一般为三年或四年。一般地说,报考硕士学位研究生需要已经具有学士学位,否则将视为同等学力身份报考。报考博士学位研究生需要已经具有硕士学位,否则也视为同等学力者。

2. 培养目标特征

研究生教育以培养德才兼备的高级专门人才为目标,比本科教育有更高的要求。

(1) 在政治思想方面,它要求培养对象较好地掌握马克思主义的基本原理,热爱祖国,遵纪守法,具有良好的品德；学风严谨,具有较强的献身精神和事业心,积极为社会主义现代化建设服务。

(2) 在学术水平方面,对硕士生的要求是：必须在本专业方面掌握坚实的基础理论和系统的专门知识；掌握一门外国语；具有从事科学研究、教学工作或独立担负专门技术工作的能力。对博士生的要求是：必须在本专业方面掌握坚实宽广的基础理论和系统深入的专门知识；具有独立从事科学研究和教学工作的能力，在科学或专门学术上具有一定创造性的成果。

（3）在其他方面，无论硕士生或博士生都应具有健康的体魄；具有对自然、社会生活以及对美的鉴赏、表达和创造的能力。

同世界上其他国家的学术标准相比，我国对研究生教育的学术要求是比较高的。尤其是对硕士生，不仅有课程学习的要求，还有科学研究能力的要求。随着我国经济和社会发展，社会对高层次人才的需求也在变化，这就要求对研究生培养目标进行适时的调整。为了适应知识经济社会对高层次人才的需要，研究生教育既要培养从事科学研究和教学工作的学术性人才，又要积极培养为经济建设服务的复合型、应用型人才。近年来，我国设置了以培养应用型高层次人才为目标的专业学位，如工程硕士、临床医学硕士、工商管理硕士、建筑学硕士、法学硕士、教育硕士等。据预测，这类专业硕士的社会需求将达到整个研究生教育需求的70％。

3. 教育对象特征

统计数据显示，硕士研究生大多集中在20～34岁年龄段；博士研究生大多集中在24～39岁年龄段。他们在思想政治和专业方面已经有较好的基础。相对于本专科学生，研究生的身心发展都已成熟，具备了进入更高层次学习所必须的专业基础、能力素质、心理准备。他们的知识水平、智能水平、自我意识水平都已超过大学本科生。他们有较强的事业心、明确的学习目的和攀登科学高峰的雄心壮志。他们的学习积极性普遍比较高，有顽强的学习毅力和刻苦钻研的精神。在业务方面，他们中的大多数都初步养成了读书的习惯，有较强的自学能力、思考问题和分析问题的能力。有不少人还在工作中积累了一定的实践经验。

4. 师资力量特征

由于研究生教育采取个别化培养方式，因而导师显得至关重要。研究生教育质量的高低，在很大程度上取决于导师的素质。所以，研究生导师是高等学校中学术造诣最深、科研能力最强的一流师资。

5. 培养方式特征

（1）与本科生的班级授课制有鲜明的不同，研究生的培养方式基本上通过导师制实行个别化培养。研究生导师为每个研究生都制订一个培养方案，在培养过程中，以研究生个人学习（听课或者自学）、研究为主。在必要的课程结束后，研究生导师的工作主要是指导研究生参加科研及指导其撰写学位论文等。

（2）采取理论学习和科学研究相结合的方式，掌握理论和培养能力并重。著名桥梁专家茅以升说过，研究生是"在科学研究中进行学习，在学习中进行科学研究"。研究生的培养过程体现了"教育与科研"、"学习与创造"的结合。

第二节　人才类型与教育特点

按照人才所主要从事的工作性质及特点，可将其划分为四种类型：科研型人才、技术型人才、管理型人才和复合型人才。不同类型的人才具有不同的特点,因此教育方法也有一定的区别。另外,由于大学生的身心已经相对成熟,所以不同的大学生,往往会具有不同的人才类型优势。作为教师,及时发现不同学生的特点,有意识地加以培养,就可以做到因材施教,使大学生得到更好的发展。

一、科研型人才的教育特点

科研型人才毕业后主要从事教学或科研工作。

1. 科研型人才的基本特征

(1)具有较深、较广的本学科基础知识及全面的专业知识,善于发现与提出问题,进行创造性思维、理论探索与实验研究,在学术上能正确处理继承与创新的关系,不断进取,具有开拓精神。

(2)有较强的分析综合能力,有一定的动手能力,有较强的组织协调科学研究和进行技术管理的能力。

(3)具有较高的外语水平,能阅读国外本学科文献资料。

2. 相应的培养措施

科研型人才往往在学习和日常生活中表现出较强的"科研能力",教师要注意发现和重视学生所表现出来的这种"科研能力"。对于具有这种苗头的学生,教师要有意识地安排他们参加一些科研活动,在上课时要鼓励他们谈出自己的观点和问题,也可以指定一些课外参考书或者科技期刊要求他们阅读。如果有机会,也可以指导他们写一些科技论文发表或者带领他们参加各种学术会议,使他们感受学术研究的气氛,增长见识。

目前我国设立的研究型学位制度,特别是硕士、博士等高级学位层次的教育,可以看作专门为培养科研型人才所设立的培养制度。

二、技术型人才的教育特点

技术型人才的任务主要是综合运用基础理论研究和应用现有的科学成果,解决具体的实际问题。就工科而言,主要是研制新产品、新技术、新方法、新流程、新规范等。

1. 技术型人才的基本特征

(1)具有广泛而扎实的知识基础。现代工程技术问题日益综合和复杂,工业产品日益成为多种学科知识的结晶。因此,一个技术型人才要胜任现代工程技术职业,就必须具有广泛而扎实的基础知识。

(2)具备一定的技能。比如分析问题、解决问题的能力,制图、设计、测试、操作、经济分析和评价能力等。

2. 技术型人才的培养措施

技术型人才往往会表现出较强的动手能力。对于具有这种苗头的学生,教师要有意识地安排他们参加有关活动,比如指定他们专门负责一些试验设备的维修和保养,或者安排他们参加一些工程类项目,比如产品设计等。同时,还要注意结合专业内容,注意安排好他们的实习单位。在课程选修方面,可以指导他们多选一些有利于培养分析和解决实际问题的能力的课程。

三、管理型人才的教育特点

1. 管理型人才的基本特征

（1）联系群众，民主作风。管理者需要调动大家的积极性，所以在生活上要关心群众，在作风上要发扬民主。

（2）作风正派，办事公道。管理者需要做到：坦率诚恳，不言过其实；坚持原则，不搞特殊化；克己奉公，不谋私利；言行一致，以身作则；任人唯贤，不计个人恩怨；办事公道，群众满意。

2. 管理型人才的培养模式

管理型人才是一类实践性很强的人才，单纯的学校教育过程是难以直接培养出高级管理人才的。但是，教师还是可以发现一些学生所表现出来的管理才能，有意识地加以培养，比如安排其承担一定的组织领导工作等等。

此外，我国近年来还引进了国外的管理人才培养模式，比如 MBA 和 MPA 模式。MBA，即工商管理硕士，英文全称是 Master of Business Administration，1990 年正式引入我国。MPA，即公共管理硕士，英文全称是 Master of Public Administration，1999 年 5 月正式引入我国。它们都有相应的课程体系和培养方式，比如重视案例教学、研讨式教学等。在培养目标上，MPA 主要面向公共领域及组织，培养的是政府部门和非政府公共机构的管理者，2001 年我国首次开始招生。MBA 主要面向工商企业，培养高级工商管理人才，经过多年发展，目前我国已有 56 所高校具有培养 MBA 的资格。

四、复合型人才的教育特点

一般认为，复合型人才指知识面广、懂技术、懂管理的人才。

复合型人才古来有之，文艺复兴时期的达·芬奇既是著名画家又是科学家和作曲家。著名的"曼哈顿工程"（美国制造第一颗原子弹的工程）的实施和完成，逐渐改变了人们对人才的看法。该工程汇集了当时全世界最优秀的核物理人才，也是当时世界上投资最大的工程，仅具有某一方面知识能力的人根本无法胜任该工程的领导工作。该工程的领导者是一个被人们称为"二流科学家"但却十分博学的人，他领导大批"一流科学家"完成了这项巨大的工程。这时，人们开始认识到具有科学、技术、经济、管理等诸方面知识和能力的复合型人才也是十分重要的。

1. 复合型人才的培养措施

（1）课程设置方面，一般可以通过适当增加选修课的比例来扩大学生的知识面。选修课的种类要有一定的广泛性，比如包括人文、社会、自然科学方面的基础知识和新技术、新发现、新理论等。另外，教师还要有意识地引导学生适当地扩大自己的知识面，比如对于理工科学生，可以注意适当地增加一些人文科学课程，对于文科学生，可以提供一些自然科学类的选修课程等等。

（2）培养方式方面，目前已经有许多培养复合型人才的专门模式。

首先是第二学士学位制。这种模式也简称为二学位，主要招收大学本科毕业并获得学士学位的在职人员,也招收少量大学本科毕业获得学士学位的应届毕业生,让他们在已经取得第一个专业的学士学位后继续攻读第二个专业的学士学位。我国自1984年设立二学位以来,目前已有80多所高校开办了第二学士学位班。

第二是主副修制。主副修制是指要求或允许学生选择某一专门领域(专业)为主修、另一为副修的教学制度。主副修制是在学分制基础上实现的。学生可以跨学科、跨专业选修课程,学生在修读主修专业的同时,自主选择副修专业修读,修满规定学分,发给副修专业证书。副修专业一经开设,就要求相关课程具有整体性,否则就失去了副修专业的"专业"意义。

第三是多证书制。学生达到某种专业证书的要求,通过有关考试后,就可以获得相应的证书。这样,一些能力强、兴趣广泛的学生往往能够取得许多专业的一定等级的证书。

例 14

复合型人才的社会需求[①]

　　IT审计师的社会供求达到1∶300,即社会需求300人,而只有1个人具有此行业的从业资格。全球只有20000人持有专业的国际注册证书,而在我国大陆则不足10人。国家审计署的专家大声疾呼:复合型人才培养迫在眉睫。

　　IT审计师(信息系统审计师)是一种复合型人才。随着越来越多的上市公司、金融机构、咨询机构纷纷建立网络信息系统,请一位既精通审计技术又熟悉信息系统的审计师来保卫财务安全,就显得十分重要。因为,如果银行的存贷款数据库被黑客破坏、证券交易所的信息系统突然崩溃、企业的应收账款模块产生混乱、仓库的自动订货和发货系统出现故障,将会造成巨大的损失。

　　当前的问题是,能够读财务报表的审计师读不懂计算机语言,能阻挡黑客的网络高手堵不住财务黑洞。

　　可见,对于个人来说,多一门专业知识,就多了一个就业机会。

思考题

1. 从培养层次来讲,对大学生的培养有哪几种培养层次?请简述各培养层次的教育特点。

2. 科研型人才是毕业后主要从事教学或科研工作的人。请列出科研人才有哪些主要特征,并简述如何培养科研型人才。

参考文献

1. 张弘:《谁来当IT审计师》,《新民晚报》,2002年1月28日。

---

① 选自张弘:《谁来当IT审计师》,载《新民晚报》,2002-1-28。此处有少量改动。

　　如何提高研究生的培养质量,已成为各界关注的热点问题。本章首先列出研究生教学的特点,重点分析了研究生教学的方法,最后对研究生教学过程中需要注意的问题做了详细说明。

第一节　研究生教学的特点

研究生教育作为学生在本科毕业之后继续深造而接受教育的一种形式,是高等教育体系中的最高学历层次。中国的研究生教育制度中,研究生的学位层次主要包括硕士研究生与博士研究生两个层次。与本科教育相比,研究生教育有如下几方面特点。

一、更加注重科研能力的培养

更加注重科研能力,是研究生教学最为显著的特征。培养独立从事科学研究的能力是研究生教育的主要目标。在课程的安排方面,则以提高研究生的研究能力为基本目的。

二、差异化的教学方式

差异化培养,是研究生教学的重要特点。由于研究生入学考试允许跨专业报考,因此同一专业的研究生之间在背景知识方面往往具有较大差异。此外,不同的研究生表现出来的科研长处也不同,因此导师往往对相同专业的研究生设置差异化的课程。

三、交流和讨论是重要的教学形式

为了培养研究生独立从事科学研究工作的能力,研究生的课堂教学往往采取交流研究情况及讨论学术问题的形式。这种方式不仅仅能够促使研究生对自己的选题主动地进行学习和研究,而且还能培养他们与同行沟通的能力。

四、教学内容注重理论前沿或实践问题

为了使研究生了解相关学科的最新进展或者实践中存在的主要问题,研究生的教学内容往往是一些相关学科的最新成果,甚至是一些有争议的尚无定论的研究结果,或者是相关行业实践中存在的尚没有解决的问题。

在我国的大学中,研究生教学的方法较多,除了传统的课堂讲授方法之外,还出现了一些新的教学方法。下面介绍研讨法与问题驱动教学法。

第二节　研　讨　法

一、研讨课的概述[①]

1. 研讨课的概念

研讨课(Seminar),是教师和学生围绕教学内容以及相关的理论或实践问题,展开独立思考,进而共同探讨的一种交互式教学路径。与传统的课堂教学模式相比,研讨课教学具有明显的特点,主要表现为:具有突出的互动性,可以全方位调动学生的参与热情;将合作精神引入学习生涯,有利于实现和强化学生之间的合作;有利于提高研究生的综合素质。目前,我国许多高校都把研讨课作为研究生学位课程的一种教学方式。

---

① 蒋婷:《反思研讨课教学法在我国研究生教学中的困境》,载《天府新论》,2008(5);刘国福、李慧、张玘等:《研究生课程研讨式教学初探》,载《高等教育研究学报》,2009(1);齐经民、杨小乐:《基于课堂教育模式的研究生课堂研究性教学探讨》,载《未来与发展》,2008(1)。

2. 研讨课的步骤

研讨课的上法要遵循一定的步骤，一般采用下列步骤循序渐进：

(1) 由教师宣布本次课的讨论主题。研讨课一开始要求教师概要地介绍主题所涉及的基本问题，但一般不作学术方面的评价，以免影响学生的自我判断。

(2) 学生利用相关的教学工具报告自己的观点或研究进展。该部分是对研究生的学术水平以及作风、礼仪、形象、现场驾驭能力等总体水平的检阅，教学工具一般包括黑板、网络、多媒体课件等等。

(3) 针对报告内容，课程参与者(教师、学生等)向报告人提问，可针对报告提出自己的不同观点，或要求报告人对某些内容进行解释或表达看法。

(4) 教师进行专题评点，简短地对讨论进行总结。对课堂中出现的有关学术问题的争论一般不作"是"或"否"的绝对评价，以免影响学生在课堂上自由地进行学术思维和交流。

二、研讨课的三种类型

目前，对于研讨课的教学方式，一些高校教师也进行了积极探索并摸索出了一些创新性的教学方式。比较典型的大致可以分为圆桌研讨式、小组报告式和师生角色互换式三种类型。

1. 圆桌研讨式教学

圆桌研讨式教学，即以利用教室桌椅设施样态为主要标志的研究性教学。

教学过程：开课之初应以教师为主，进行基础知识的教授铺垫。辅之以学生讨论和文献研究。然后，学生根据自己的兴趣，在教师的指导下选定研究课题，之后进行圆桌研讨。学生平时尽可能搜集相关资料与研究成果。每位同学都在研讨时发言，介绍选题的理论知识和研究进展，相互进行交流研讨。教师也准备一些经典文献、案例和研究的阶段性成果，指导学生学习讨论。

优点与不足：这种圆桌研讨式的教学形式有利于发挥学生的主动性，可以提高学生的课堂参与度和研究探索的能力，在学生之间能够形成一定的竞争氛围。但这种方式只适用于小规模的授课。如果学生人数多，就难以使每位同学都得到表现机会，这会降低学生研究探讨的积极性。

2. 小组报告式教学

小组报告式教学，即在教室内以小组报告为主要标志的研究性教学。

教学过程：教师将学生分为几个小组，每组一名组长，每个小组根据研究选题制定任务和计划，然后实施该研究计划，撰写研究报告。最后由教师根据其完成情况进行综合打分，以小组成绩作为小组成员的课程成绩。

优点与不足：这种教学方式能够将理论知识与社会实践相结合，并且能够锻炼学生的分工合作能力和人际沟通能力，可以加深对知识的理解。但这种方式对学生的能力要求较高，此外，也容易造成小组的大部分工作主要是只由几个成员完成，而其他成员搭便车的现象。

3. 师生角色互换式教学

师生角色互换式教学,即以教师与学生角色互换为主要标志的研究性教学。

教学过程:教师首先明确教学内容及其要求。然后让学生扮演教师,每个学生负责讲授一个章节或一个专题的内容,教师作总结和补充,进行点评,并给出成绩。国内高校的研究生教学常常使用这种方式。

优点与不足:让学生充当教师的角色,查找资料、备课、讲课。在这一过程中锻炼了学生的知识探索能力、组织策划能力和口头表达能力。特别对于将来有志于从事教学工作的学生来说,更是有意义的实践机会。但由于学生们需要花费大量的时间准备自己的授课内容,时间成本较高。而且由于一些学生的讲授质量不高,导致一些学生无兴趣听课,逃课现象比较严重,影响了这些学生对课程整体内容的了解。

第三节　问题驱动教学法

一、问题驱动教学法概述

问题驱动教学法即基于问题的教学方法(Problem-Based Learning, PBL)。这种方法不像传统教学那样先学习理论知识再解决问题。问题驱动教学法是一种以学生为主体、以专业领域内的各种问题为学习起点,以问题为核心规划学习内容,让学生围绕问题寻求解决方案的一种学习方法。教师在此过程中的角色是问题的提出者、课程的设计者以及结果的评估者。

问题驱动教学法能够提高学生学习的主动性,提高学生在教学过程中的参与程度,容易激起学生的求知欲,活跃其思维。

这种教学方法对教师的要求较高,教师必须具备较强的课堂掌控能力和引导能力。

二、问题驱动教学法的步骤

1. 教师提出问题。教师要在课前准备好问题。这一步骤不仅仅需要教师熟悉教学内容,还要较好地了解学生的情况。这是成功实施问题驱动教学法的基础。

2. 分析问题。这一阶段以学生的活动为主,常常让全班同学相互间进行讨论和交流,也可以全体同学分组讨论,争取让每个学生都提出自己的观点和看法。教师在此阶段主要是发挥引导作用,当讨论发生跑题或者学生们误解问题的本意时,给予及时的提醒和引导。

3. 解决问题。即在上一阶段分析的基础上,让学生们提出解决问题的方法。这时可以让学生用报告的方式与全班进行交流。

4. 结果评价。包括自我评估、小组互评及教师评价等,评价内容为小组整体表现、问题解决方法的合理性、个人贡献等。

三、问题设计的原则

问题设计是 PBL 教学法的基础,问题设计得科学与否直接关系到教学的成败。一般地说,问题设计应当遵循以下几个原则:

1. 要有明确的目标

问题设计必须紧紧围绕教学目标,教师要尽量了解教材和学生的具体情况,设计的问题要明确。

2. 由浅入深

在设计问题时,要给学生以清晰的层次感,由易到难,以便增强学生的自信心,激发学生的学习兴趣,促使学生积极思考。

3. 难度适当

过于简单的问题难以激发学生的兴趣,但如果问题太难,学生就会望而生畏。

4. 面向全体学生

在设计问题时,要注意调动每一个学生的学习积极性,力争让每个人都有发挥和表现的机会,做到人人参与、人人有收获。

四、问题驱动教学法实施案例①

某大学对研究生课程进行大刀阔斧的改革,很多专业课由原来的教师单向灌输式教学模式转为学生主动探究式的文献阅读研讨课模式,以达到训练学生主动探求知识、自主创新思维的目的。"智能控制及应用"课程一直是控制科学与工程学科硕士研究生的主干课程,目前改为文献阅读研讨课。为了适应这种教学模式的转变,课程组将问题驱动的学习方法、团队学习方法等先进理念融入课程设计及教学实践中,经过多年探索,逐渐形成了以学生主动研究为特色的文献课教学方法。

1. 课程组织

该课程主要学习智能控制的基本理论和应用技术,主要内容包括专家控制、模糊控制、神经网络控制、基于遗传算法的控制优化、分层递阶控制等五个专题,基本理论部分以教师授课为主、学生自学为辅,以使学生尽快掌握基本理论基础;应用技术部分以学生团队学习为主、教师辅导为辅,以培养学生的主动学习能力。围绕上述五个专题精选国外重要期刊的 15 篇应用型英文文献作为案例,每 3 人一组,协作完成 1 篇文献的学习研究。该课程总共 40 学时,持续 10 周,每周 4 学时,课程的学习流程为:(1)理论学习:教师讲授绪论及五个专题的基本理论知识,科技报告的主要技巧,问题驱动学习、团队学习的基本方法。(2)任务分配:学生按照兴趣和研究方向自由组合分组及选择文献,每个小组成员选择文献的一部分内容作为学习任务,了解课程组织的目标、形式和过程,明确学习要求及评分标准。(3)独立自学:针对所选文献的部分内容,通过参阅其他资料,采用问题驱动学习方法学习所选部分。(4)小组讨论:小组成员互相报告各自部分的学习结果,共享成果,互相质询,激发讨论,引出新问题,课程组教师集中答疑。(5)独立完善:根据小组讨论结果,针对新问题再进行独立学习和完善,形成最终结果。(6)成果汇总:小组将各成员的最终成果汇总整合,形成统一的 PPT 汇报文档。(7)成果汇报:每次课按一个专题组织汇报,首先由该专题各小组做报告,然后其他组自由质询,最后全班针对该专题进行讨论。(8)论文提交:个人提交书面课程论文。(9)成绩评

---

① 选自刘廷章、艾叶:《研究生课程的问题驱动教学方法研究》,载《黑龙江高教研究》,2008(11)。此处有改动。

定：课程学习的最终成绩由课程学习质量和课程论文质量综合评分，前者以小组评分为主，主要指标包括学习过程的表现、学习成果的组织、汇报时的语言表述、汇报时与听众的交流技巧；后者以个人评分为主，主要指标包括论文内容的正确性、深度和格式的规范性。

2. 问题驱动链设计

本课程是基于团队学习和问题驱动学习设计的，每个小组成员针对同一篇文献的任务分工各不相同，各人围绕任务提出问题、围绕问题主动学习，小组交流互相学习、小组协作解决问题，整个学习过程由多层次的问题链来驱动，主要问题链如下：

（1）如何提出问题？

第一个小组成员主要锻炼提出问题的能力，要求重点学习文献引言、应用系统介绍部分，参考相关文献，了解该领域国内外研究现状，提出该应用对象需要解决的主要问题。二级问题链主要为：应用对象是什么，应用对象的主要特点是什么，应用对象的主要问题是什么，国内外已经采用过哪些方法解决该问题，已有方法解决的效果如何，尚未解决的主要问题是什么。

（2）如何提出解决方案？

第二个小组成员主要锻炼提出问题解决方案的能力，要求重点学习文献控制方案、技术应用部分，参考相关文献，了解控制方案的主要思想，掌握智能控制理论的具体应用方法。二级问题链主要为：控制方案的主要思想是什么，智能控制系统的主要结构是什么，针对主要问题采用该方案的主要优势是什么，针对采用的智能控制方法作了哪些改进，智能控制器是如何结合具体对象进行设计的，最后设计出的控制器是什么。

（3）如何得出结论？

第三个小组成员主要锻炼从实验结果得出结论的能力，要求重点学习文献实验方案、实验结果、结论部分，参考相关文献，了解实验设计的主要思想和实验数据分析的主要方法，学习从具体数据总结出一般结论的方法和作出恰当评价的能力。二级问题链主要为：为了说明上述方案的有效性，需要验证哪些性能指标；针对性能指标是如何设计实验的；获得的原始实验数据是什么；原始实验数据采用哪些方法进行了处理；与其他方法进行了哪些比较；得到的实验结果是什么；从实验结果得到哪些一般性结论；智能控制方法在本应用中体现出哪些优缺点。经过上述实践，大多数学生能够补充领域背景知识和研究细节，能够提出切中要害的问题，说明学生的主动学习和主动思考的能力有所提高，通过团队协作和自主学习能够较好地掌握某个专题的智能控制应用方法。

在实施本案例的过程中，我们发现存在的主要问题有：难以有效监督学生的课外学习投入，小组讨论不够主动和活跃，从实验结果导出结论的能力锻炼效果不够明显。

第四节　研究生教学中的对话[①]

研究生已经具备了大学本科的知识基础，具有从事科学研究工作或承担专业技术

---

① 黄庆政：《浅谈对话艺术在语文阅读教学中的运用》，载《科学教育家》，2008（4）；周佳：《关注研究生教学中的"对话"与"启发"》，载《中国高教研究》，2008（12）。

工作的初步能力。研究生和教师之间常常进行学术交流,特别是学生在遇到一些不能解决的问题时,更需要与教师沟通。因此,对于教师来说,掌握一定的与学生对话的技巧,对于培养学生的分析能力和创新能力具有重要的意义。

一般地说,利用对话形式对学生进行培养时,教师需要注意如下几个问题。

一、注重创建对话氛围

对话需要有一定的氛围,主要是引导学生思考有关问题,启发学生,激起其参与对话的冲动。同时还要建立师生相对平等的对话气氛,让学生能够轻松地表达自己的想法和问题。

二、问题要有挑战性

教师在与学生进行对话时,往往需要提出问题。这时,要注意提出的问题要有一定的难度,这样才能使问题具有"研究性",引起学生的兴趣和激发学生思考。

三、要避免随意性话题

在进行对话时,教师要注意发挥自己的引导作用,防止讨论偏出主题。

四、评价要适时适度

教师应当鼓励学生把自己的想法说出来和大家讨论,教师对学生发言中的问题,应当及时指出并提出建议,但不宜频繁地给出好与坏的评价,特别是一些批评性评价。因为这样会使学生产生挫折感,打击学生思考和发言的积极性。在学生之间有争议时,也不要过早地表态支持某一方,这样也容易损害对话的活跃性。

但在对话结束时,教师可以对学生的发言进行中肯的评价,对于学生提出的一些有研究价值的内容,要鼓励学生进一步研究。

思考题

1. 试述在研究生教学过程中,有哪几种教学方法,并对各教学方法作简要解释。

2. 在研究生教学过程中,教师常常使用对话形式对学生进行培养。请简要论述教师在对学生进行对话教学时应注意哪几方面的问题。

参考文献

1. 蒋婷:《反思研讨课教学法在我国研究生教学中的困境》,《天府新论》,2008(5)。

2. 刘国福,李慧,张玘等:《研究生课程研讨式教学初探》,《高等教育研究学报》,2009,32(1)。

3. 齐经民,杨小乐:《基于课堂教育模式的研究生课堂研究性教学探讨》,《未来与发展》,2008(1)。

4. 刘廷章,艾叶:《研究生课程的问题驱动教学方法研究》,《黑龙江高教研究》,

2008(11)。

　　5. 黄庆政:《浅谈对话艺术在语文阅读教学中的运用》,《科学教育家》,2008(4)。

　　6. 周佳:《关注研究生教学中的"对话"与"启发"》,《中国高教研究》,2008(12)。

专业学位是我国学位体系中的重要类型,主要面向复合型、应用型、高层次专门人才的培养。专业学位研究生教育现在已成为我国学位与研究生教育的重要组成部分。本章重点对当前我国的专业学位以及设置情况、专业学位教育方法等给予了较详细的介绍。

第一节　专业学位教育简介

一、专业学位概述

(一)专业学位

专业学位(professional degree),是相对于侧重理论和研究的学术性学位(academic degree)而言的学位类型,是根据专门职业的标准设置的,具有明显的实践倾向,职业性是其基本属性。

专业学位教育就是为了培养具有扎实理论基础,并适应特定行业或职业实际工作需要的应用型高层次专门人才所进行的教育。

我国目前的专业学位教育分为本科、硕士、博士三个层次,绝大部分学位倾向于硕士及以上层次的培养。原则上招收大学本科后有一定专门职业实践经历的人员,2009年起,个别专业招收的学生范围开始扩展到应届本科毕业生。[①]

(二)专业学位教育的特点

专业学位教育的突出特点为:职业性和研究性。[②]

1. 职业性

1996年7月国务院学位委员会第十四次会议通过的《专业学位设置审批暂行办法》明确规定:"专业学位作为具有职业背景的一种学位,为培养特定职业高层次专门人才而设置。应逐步把专业学位作为相应职业岗位(职位)任职资格优先考虑的条件之一。"从这个法规性文件的条文看,专业学位研究生教育显然具有职业性的特征。国际上很多国家已经将专业学位(国际通称为职业学位)作为进入某一行业的从业资格。

2. 研究性

在我国,专业学位基本侧重于研究生教育,因此研究性是专业学位教育的又一重要特点。但是,专业性学位与学术性学位的研究性有所不同,学术性学位注重对基础理论的研究,而专业学位教育的研究性主要体现在技术或理论的应用,着重解决实际问题,比较追求直接的效果或效益。

(三)设置专业学位的意义

1. 满足社会对高层次应用型人才的需要

我国目前正处于社会发展的重要阶段,需要大量既有较深理论知识又能解决实际问题的高级专业人才。专业学位教育为高等学校培养这类专门人才提供了制度条件。

2. 丰富和发展了我国的学位制度

1990年国务院学位委员会第十次会议明确指出:在我国设置专业学位,是为了促进我国应用学科的建设和发展,加速培养应用学科的高层次人才;是改变我国学位规格单一局面的一种措施。专业学位制度的设立,改变了我国学位类型和规格单一化的状

---

① 翟亚君、王战军:《我国专业学位教育主要问题辨识》,载《学位与研究生教育》,2006(5)。
② 刘国瑜:《论专业学位研究生教育的基本特征及其体现》,载《中国高教研究》,2005(11)。

况,是我国学位制度的一项重要改革内容。[1]

二、中国当前的专业学位设置情况

我国自 1991 年开始实行专业学位教育制度以来,到 2010 年为止,已设置了 19 种专业学位,即工商管理硕士,建筑学学士、硕士,法律硕士,教育硕士、博士,工程硕士,临床医学硕士、博士,兽医硕士、博士,农业推广硕士,公共管理硕士,口腔医学硕士、博士,公共卫生硕士,军事硕士,会计硕士,体育硕士,艺术硕士,风景园林硕士,汉语国际教育硕士,翻译硕士,社会工作硕士。

(一)工商管理硕士(Master of Business Administration,简称 MBA)

工商管理硕士设立于 1990 年,是我国第一个专业学位,其目的是培养德、智、体全面发展的具有工商管理方面全面知识结构以及较高的企业管理、经营决策素质和能力,并能运用这些知识和能力从事各项管理工作的实务型经营管理人才。招生对象为大学本科毕业有 3 年以上实际工作经验者,或大专毕业后有 5 年以上工作经验者。

MBA 教育培养的是高质量的职业工商管理人才,注重面对经营实践的"管理",要求他们掌握生产、财务、金融、营销、经济法规、国际商务等知识和管理技能。

一般来说,MBA 最少要求 400 小时的课堂学习,并且要有充分的课外训练时间。

我国规定,报考 MBA 必须是大学本科毕业后有 3 年或 3 年以上工作经验的人员;大专毕业后有 5 年或 5 年以上工作经验的人员;已获硕士学位或博士学位并有 2 年或 2年以上工作经验的人员。入学考试要参加全国 MBA 教育试点 62 所院校的联考,联考科目是政治、数学、英语、管理、语文与逻辑。

1999 年,针对企业高级管理人员,我国又设立了 EMBA,即高级管理人员 MBA(Executive Master of Business Administration),这是由芝加哥大学管理学院首创的专业学位。由于 MBA 入学考试需要考外语、数学,因而造成一些管理经验丰富但年龄较大的企业高层管理人员难以入学。EMBA 入学笔试、面试均由培养单位自行组织,但对实践经验要求比较高。我国规定,只有具有本科以上学历,8 年以上工作经历(其中必须有至少 4 年的管理工作经历),较大规模企业的现职高层管理人员才可报考EMBA。[2]

(二)建筑学专业学位

建筑学专业学位设立于 1992 年,其目的是为了促进我国建筑学专业教育,提高建筑设计专业人才的素质。建筑学专业学位分为建筑学学士和建筑学硕士两级。授予对象为建筑学专业本科毕业生和建筑设计及其理论专业的研究生。[3]

(三)法律硕士(Juris Master,简称 JM)

法律硕士专业学位设立于 1995 年。我国法律硕士专业教育是为了培养德智体全面发展的,适应立法、司法、律师、公证、审判、检察、监察、经济管理、金融、行政执法与监

---

① 于凤银、吕福军:《我国专业学位教育的发展历程》,载《山东科技大学学报(社会科学版)》,2007(2)。
② 黄宝印:《我国专业学位教育发展的回顾与思考(上)》,载《学位与研究生教育》,2007(6)。
③ 教育部:《建筑学专业学位设置方案》,国务院学位委员会第十一次会议原则通过,1992 - 11 - 10。

督等部门需求的,具有良好的法律职业技能和法律职业道德的高层次、实践型法律人才。招生对象的规定是:全日制攻读者须为非法律专业大学本科毕业生;在职攻读者须有3年以上的实践经验。①

(四) 教育专业学位

教育专业学位分为教育硕士专业学位(Master of Education)和教育博士专业学位(Professional Doctorate in Education or Education Doctor)。教育专业硕士设立于1996年,目的是培养面向基础教育及管理工作需要的高层次专门人才。招收对象为大学本科毕业生、具有3年以上第一线教学经历的基础教育的专任教师和管理人员。② 教育博士专业学位设立于2008年,培养善于运用科学理论与方法,探索和解决教育工作中实际问题的高级职业型人才,招收从事教育管理和教育工作、具有丰富实践经验并已取得一定成就的专业人员为培养对象。③

(五) 工程硕士(**Master of Engineering**)

工程硕士专业学位设立于1997年。为了适应我国经济建设和社会发展的需要,改变工科学位类型比较单一的状况,完善具有中国特色的学位制度,在我国设置工程硕士专业学位。工程硕士专业学位与工学硕士学位处于同一层次,但工程硕士专业学位培养的是工矿企业和工程建设部门需要的应用型或复合型高层次工程技术和工程管理人才。招生对象为具有学士学位并且从事3年以上工程实践工作的优秀在职人员,但对IT和通信行业不作工作年限的限制。④

(六) 临床医学专业学位

临床医学专业学位设立于1998年,分为临床医学硕士(Master of Medicine,简称MM)和临床医学博士学位(Doctor of Medicine,简称MD),以提高临床医生队伍素质和临床医疗水平为目的,培养高层次、高水平的临床医师,招收对象为符合条件的临床医学研究生和在职临床医师。⑤

(七) 兽医专业学位

兽医专业学位设立于1999年。兽医专业学位分硕士、博士两级。兽医硕士、博士专业学位与兽医任职资格相联系,与同一学科的农学硕士、博士学位处于同一层次。兽医专业学位主要为动物医疗、动物检疫、动物保护、畜牧生产、兽医执法与管理等部门培养高层次应用型人才。兽医专业学位的培养口径,分为临床兽医和预防兽医两种。

兽医硕士专业学位招收的对象为学士学位获得者,具有3年以上兽医相关实践经验;或者具有国民教育系列大学本科毕业学历,4年以上兽医相关实践经验者;或者具有国民教育系列大专毕业学历,具有中级以上技术职称,6年以上兽医相关实践经验者。兽医博士专业学位招收的对象为获得硕士学位并在兽医业务相关部门工作3年以

---

① 黄宝印:《我国专业学位教育发展的回顾与思考(上)》,载《学位与研究生教育》,2007(6)。
② 教育部:《关于设置和试办教育硕士专业学位的报告》,国务院学位委员会第十四次会议审议通过,1996-4-30。
③ 钟秉林、张斌贤:《我国专业学位教育发展的新突破——写在教育博士专业学位诞生之际》,载《中国高等教育》,2009(3)。
④ 教育部:《工程硕士专业学位设置方案》,国务院学位委员会第十五次会议审议通过,1997-4-24。
⑤ 黄宝印:《我国专业学位教育发展的回顾与思考(上)》,载《学位与研究生教育》,2007(6)。

上的优秀在职人员。①

（八）农业推广硕士

农业推广硕士专业学位设立于 1999 年。农业推广（含农业、林业、牧业、渔业推广）硕士专业学位与农业技术推广和农村发展领域任职资格相联系，与相应学科的农学硕士学位处于同一层次。农业推广硕士专业学位教育侧重于应用型人才的培养，主要为农业技术推广和农村发展培养高层次应用型或复合型人才。招收对象为获得学士学位后，具有 3 年以上农业推广实践经验的优秀在职人员。②

（九）公共管理硕士（Master of Public Administration，简称 MPA）

公共管理硕士学位设立于 1999 年。主要是为了适应社会公共管理现代化、科学化、专业化的要求，为建立办事高效、运转协调、行为规范的公共管理体系，建设高素质的专业化国家公共事务和行政管理干部队伍而设置的。公共管理硕士专业学位培养目标是政府部门及非政府公共机构的高层次、应用型专门人才。招收对象为大学本科毕业并具有 4 年工作经验的在职人员。③

（十）口腔医学专业学位

口腔医学专业学位设立于 2000 年，分为口腔医学硕士学位（Master of Stomatological Medicine，简称 SMM）、口腔医学博士（Doctor of Stomatological Medicine，简称 SMD）专业学位。我国设立口腔医学专业学位的目的是提高口腔临床医疗队伍素质和口腔临床医疗水平，培养高层次口腔临床医生，学位授予符合条件的口腔临床医学研究生和在职口腔临床医师。④

（十一）公共卫生硕士（Master of Public Health，简称 MPH）

公共卫生硕士专业学位设立于 2001 年，目标是培养服务于公共卫生行业和卫生事业管理部门的高层次公共卫生应用型专门人才。招收对象为大学本科毕业后（一般应为医药卫生类专业且获得学士学位）有 3 年以上工作经验者。⑤

（十二）军事硕士

军事硕士专业学位设立于 2002 年，培养军队军事、政治、后勤、装备等中级指挥军官。招生对象为具有国民教育系列大学本科学历（一般应具有学士学位），任职 1 年以上、具有发展潜力、经军以上单位选拔推荐的营职以上指挥军官。⑥

（十三）会计硕士（Master of Professional Accounting，简称 MPAcc）

会计硕士学位设立于 2004 年。会计硕士专业学位面向会计职业，培养应用型高层次会计人才，适应高级会计师、总会计师、财务总监等职位的需求。招生对象为具有国民教育系列本科学历（一般应具有学士学位），从事会计或相关领域的实际工作 2 年以上者。⑦

---

① 教育部：《兽医专业学位设置方案》，1999 - 5。
② 教育部：《农业推广硕士（暂定名）硕士专业学位设置方案》，1999 - 5。
③ 教育部：《公共管理硕士专业学位设置方案》，国务院学位委员会第十七次会议通过，1999 - 5。
④ 教育部：《口腔医学专业学位试行办法》，2006 - 4。
⑤ 教育部：《公共卫生硕士专业学位试行办法》，2008 - 3。
⑥ 黄宝印：《我国专业学位教育发展的回顾与思考（上）》，载《学位与研究生教育》，2007（6）。
⑦ 教育部：《会计硕士专业学位设置方案》，2003 - 12。

（十四）体育硕士

体育硕士专业学位设立于 2005 年,培养适应体育事业发展需要的高层次、应用型体育专门人才。体育硕士专业学位招生对象一般为学士学位获得者,具有体育运动实践经验。[①]

（十五）艺术硕士（Master of Fine Arts,简称 MFA）

艺术硕士专业学位设立于 2005 年,培养目标为适应社会主义文化建设需要的高层次、应用型艺术专门人才,包括音乐、戏剧、戏曲、电影、广播电视、舞蹈、美术、艺术设计、新媒体等艺术创作。招收对象一般为学士学位获得者,有艺术创作实践经历者。[②]

（十六）风景园林硕士

风景园林硕士专业学位设立于 2005 年,培养风景园林规划设计、保护、建设与管理等方面的专门人才,招收对象为获得学士学位后具有 3 年以上风景园林实践经验者。[③]

（十七）汉语国际教育硕士（Master of Teaching Chinese to Speak of Other Languages,简称 MTCSOL）

汉语国际教育硕士专业学位设立于 2007 年,这是为提高我国汉语国际推广能力,加快汉语走向世界,完善对外汉语教学专门人才培养体系而设立的。国务院学位办发布了《关于〈汉语国际教育硕士专业学位设置方案〉的通知》,明确其培养目标是培养具有熟练的汉语作为第二语言教学技能和良好的跨文化交际能力,适应汉语国际推广工作,胜任多种教学任务的高层次、应用型、复合型专门人才。招生对象一般为学士学位获得者。[④]

（十八）翻译硕士（Master of Translation and Interpretation,简称 MTI）

翻译硕士专业学位设立于 2007 年,为了适应我国改革开放的需要,促进中外交流,国务院颁布了《翻译硕士专业学位设置方案》,明确其目标是培养具有专业口笔译能力的高级翻译人才。翻译硕士学科获得者应当具有较强的语言运用能力、熟练的翻译技能和宽广的知识面,能够胜任不同专业领域。招生对象一般为学士学位获得者,具有良好的双语基础,有口笔译实践经验者优先考虑;鼓励具有不同学科和专业背景的生源报考。[⑤]

（十九）社会工作硕士（Master of Social Work,简称 MSW）

社会工作硕士专业学位设立于 2009 年。为了满足建设社会主义和谐社会需要,培养熟练掌握社会学的理论和方法,通晓社会工作的理论与实务,能从事具体社会工作管理和实务的高级、复合型人才,设立了社会工作硕士。

2010 年 5 月,国务院又通过了金融硕士等 19 种硕士专业学位。具体包括金融、应用统计、税务、国际商务、保险、资产评估、警务、应用心理、新闻与传播、出版、文物与博物馆、城市规划、林业、护理、药学、中药学、旅游管理、图书情报以及工程管理。这些硕

---

① 教育部:《体育硕士学位设置方案》,国务院学位委员会第二十一次会议通过,2005 - 1。
② 教育部:《艺术硕士专业学位设置方案》,国务院学位委员会第二十一次会议通过,2005 - 1。
③ 黄宝印:《我国专业学位教育发展的回顾与思考（上）》,载《学位与研究生教育》,2007(6)。
④ 教育部:《汉语国际教育硕士专业学位设置方案》,2007 - 3。
⑤ 教育部:《翻译硕士专业学位设置方案》,2007 - 3。

士专业学位进一步完善了我国的专业学位培养体系。加强专业学位的培养体系建设，提高应用型高层次人才的培养比重，是我国学位体系建设的长期方向。

第二节　专业学位教育的实施

专业学位教育涉及众多的专业与职业，不同的专业学位的招生对象和培养的目标也有很大差异，但它们都有一个共同的特征，这就是非常重视实践和应用，培养的是能将专门技术应用到特定职业领域的高水平、复合型高级人才。

一、专业学位的培养方式

目前，我国培养专业学位硕士研究生的时间年限一般为 2～3 年，主要有两种培养方式：非全日制学习和全日制学习。

2009 年之前，我国的专业学位教育都是采取非全日制学习的方式，主要针对在职人员。2009 年开始，教育部为了适应社会经济形势对研究生教育结构转变的需要，决定除工商管理硕士（MBA）、公共管理硕士（MPA）、工程硕士的项目管理方向、公共卫生硕士、体育硕士的竞赛组织方向、艺术硕士等管理类专业和少数目前不适宜应届毕业生就读的专业学位外，其他专业学位可以招收应届毕业生，实行全日制培养。

二、专业学位教育的课程设置

专业学位具有职业化、研究性的特征，培养的是适合该专门职业需要的实务型高级人才。因此专业学位教育的课程设置比较突出基础性、实践性、选择性，力求基础理论和专业知识相结合。一般来说，主要有基础课程、专业课程和实践课程三类。

1. 基础课程的设置

基础课程在各个学校之间一般具有一定共性。比如各学校的 MBA 课程计划都包括会计学、经济学、财政学、组织行为学、营销学、统计学和运筹学等商务基础学科。两年的全日制教学计划将有大半年或一年的时间用于学习基础课程。

2. 专业课程的设置

专业课程的设置一方面要把最新理论、观点、成果融入到教学中去，另一方面则要体现各个学校的特色，以保证所培养的学生具有一定特色。比如国外 MBA 专业各个学校特色设置就有较大差异，哈佛以综合管理专业为特色，耶鲁以金融和非盈利行业为特色，沃顿商学院以金融、期货、股票为特色等。

3. 实践课程的设置

实践课是直接培养学生的专业技术和能力的重要课程，这需要加强教学实践基地建设，为学生运用理论创造性地寻求解决方法，培养学生的创造能力和解决实际问题的能力提供条件。比如，教育硕士专业学位教育中，一些学校设置了如基础教育改革研究、中国教育现状调查与研究、世界教育展望这类课程，使学生获得更多的实践经验。

三、专业学位教育的学位论文

学位论文是专业学位教育过程中培养学生能力和检验人才培养质量的重要环节，完成学位论文并通过答辩也是学生取得相应学位的必要条件。

教师在指导专业学位的学位论文的过程中，必须要严把三关，即选题关、撰写关和答辩关。

1. 严把学位论文的选题关

学位论文的选题，既可以由学生根据自己的工作实际、个人的兴趣爱好和研究条件在与论文指导老师商量后拟定题目，也可以由学生在指导老师拟定的题目中选择一个进行撰写。无论何种选题方式，都必须符合专业学位论文的选题标准：理论与实践的统一、学术性与应用性的统一。比如，工程硕士的学位论文选题应当紧密联系生产实际，可以是某个工程项目的一部分，如策划设计、项目改造和技术攻关等。而对于教育硕士的学位论文，则可以由学生结合自身的教学实际，对基础教育中存在的问题进行分析、研究并提出解决办法。

2. 严把学位论文的撰写关

论文的选题确定之后，论文的写作就成为保证论文质量的关键环节。对于专业学位论文来说，要特别注意保证学位论文兼顾学术性和实用性，既不能把专业学位的学位论文等同于学术学位的学位论文，也要注意不能把学位论文简单化，写成调查报告或者工作总结等。要注意让学生运用一定的科学理论去分析某个实践问题并提出解决方案，在需要时也可以运用各种科学研究方法比如调研、统计、实验等使其学位论文体现一定的难度、科学性和工作量。

由于攻读专业学位的学生大多为在职人员，平时工作忙，容易造成论文写作时间投入不足。因此，指导教师要特别提醒学生保证论文写作的时间投入。同时，也要特别注意防止学生在写作论文过程中抄袭等不良现象。

3. 严把学位论文的答辩关

学位论文的答辩，既是全面检验培养质量和学生能力的一个关口，也是标志学生完成学业即将取得相关学位的仪式。教师要保证培养质量和检验学生水平，要防止论文答辩成为走过场。

因此，在答辩之前，教师要对论文在内容和格式上进行严格审核，要保证其内容具有一定的创新性和实用性，论文的格式要符合相关规范。在答辩过程中，答辩委员会的成员中必须有外单位的专家，并要求与学生就论文中的问题展开辩论，观察学生是否真正掌握了相关知识和技术。在此基础上，由答辩委员会对学生及其学位论文进行准确而适当的评价。

四、专业学位教育的教学组织形式

专业学位教育的教学组织形式，通常采用的有课堂教学、讲座和实践训练。

1. 课堂教学

专业学位教育仍然以课堂教学为主，但常常将学科知识的讲授与研讨、案例教学、模拟教学等多种方式结合起来进行。

（1）讲授。作为一种传统的教学方式，课堂讲授在专业学位教育中仍然是重要的，特别适用于理论知识的传授。但是在面对专业学位学生进行讲授式教学时，授课教师要注意联系实际，启发学生主动思考。专业学位教育的这种教学方式，对教师本身的理论功底和讲授技巧，以及控制课堂气氛的能力等，都有较高的要求。

（2）研讨。研讨的教学形式有助于激发学生主动思考，训练分析能力和创新能力，也能在研讨中学会如何善于接受或者反驳别人的观点。在研讨教学形式中，教师对研讨气氛的把握和引导都非常重要。

（3）案例教学。案例教学是专业学位教学中最常用的方法。一般由教师提供某个典型事件及其背景，让学生通过已有知识分析问题。通常案例教学是没有唯一答案的，通过案例分析可以提高学生分析问题和解决问题的能力。案例教学还可以培养学生分工合作的能力。

（4）模拟教学。模拟教学能够培养学生的实际工作技能以及在实际工作环境中的适应性。在进行模拟教学时，教师设置一定的工作场景，由学生扮演不同的角色并开展相应的活动，体验现实工作场景和感受。比如，法律硕士专业经常开展模拟法庭这种模拟教学方式。再比如，在 MBA 教学中，一些学校使用"企业竞争模拟系统"软件，为学生提供了良好的模拟条件。

（5）项目驱动教学。在这种教学形式中，由教师精心选择一些与实际结合的研究项目，指导学生组成相应的项目团队并推举项目负责人，制订项目实施方案，然后加以实施，最后总结汇报。比如在 MBA 教学中，要求学生写财务报表分析报告、投资项目评估报告、投资价值分析报告、企业诊断报告、市场调研报告等。

2. 讲座和论坛

讲座是课堂教学形式的重要补充。邀请一些专家来为学生举办讲座，不仅可以帮助学生增长知识和开阔视野，了解相关专业的前沿进展或热点，而且有助于提高思想品德修养和人文素质修养。比如一些大学在专业教育过程中让学生听各学科的讲座，如人文、理工、经管等，以此开阔学生的眼界。

论坛也是课堂教学形式的重要补充。通过定期举办专业性论坛，让有关专业的资深专家就业界的热点、前沿问题进行分析，可以进一步提升学生的专业素养。比如一些学校在 MBA 教育中，邀请具有丰富管理经验的企业界人士开设企业家论坛，针对经济管理实践中的热点问题、前沿问题进行讲解和评述，让学生吸收企业经营管理的经验，修正和完善自身素养。

3. 社会实践

社会实践是组织学生到某些具体的岗位进行实习，增长工作经验。比如很多学校都建立了校外实习基地，或者与很多大型企业签订了暑期工作制度，让学生在实践中发现企业中存在的问题，结合自身的知识来分析问题、解决问题，将理论知识转化为实际技能。

思考题

1. 在专业学位培养过程中，课程设置主要分为哪几类？

2. 专业学位教育的教学组织形式有哪几种? 请对其作简要论述。

参考文献

1. 翟亚君,王战军:《我国专业学位教育主要问题辨识》,《学位与研究生教育》,2006(5)。

2. 刘国瑜:《论专业学位研究生教育的基本特征及其体现》,《中国高教研究》,2005(11)。

3. 于凤银,吕福军:《我国专业学位教育的发展历程》,《山东科技大学学报(社会科学版)》,2007,9(2)。

4. 黄宝印:《我国专业学位教育发展的回顾与思考(上)》,《学位与研究生教育》,2007(6)。

5. 教育部文件:《建筑学专业学位设置方案》,1992 年 11 月 10 日。

6. 教育部文件:《关于设置和试办教育硕士专业学位的报告》,1996 年 4 月 30 日。

7. 钟秉林,张斌贤:《我国专业学位教育发展的新突破——写在教育博士专业学位诞生之际》,《中国高等教育》,2009(3)。

8. 教育部文件:《工程硕士专业学位设置方案》,1997 年 4 月 24 日。

9. 教育部文件:《兽医专业学位设置方案》,1999 年 5 月。

10. 教育部文件:《农业推广硕士(暂定名)硕士专业学位设置方案》,1999 年 5 月。

11. 教育部文件:《公共管理硕士专业学位设置方案》,1999 年 5 月。

12. 教育部文件:《口腔医学专业学位试行办法》,2006 年 4 月。

13. 教育部文件:《公共卫生硕士专业学位试行办法》,2008 年 3 月。

14. 教育部文件:《会计硕士专业学位设置方案》,2003 年 12 月。

15. 教育部文件:《体育硕士学位设置方案》,2005 年 1 月。

16. 教育部文件:《艺术硕士专业学位设置方案》,2005 年 1 月。

17. 教育部文件:《汉语国际教育硕士专业学位设置方案》,2007 年 3 月。

18. 教育部文件:《翻译硕士专业学位设置方案》,2007 年 3 月。

第十章

现代教学设备

　　教育过程是一种信息传递过程,现代化的教学设备能够提高信息传递的效率和效果。本章首先从对人的感官接收信息的分类入手,把现代教育设备分为视觉设备、听觉设备及视听觉设备三种类型,然后介绍了当前教学应用比较广泛的一些设备,并对影视教材的制作做了详细说明。

第一节　视觉设备

一、数码相机

数码相机与传统相机比较起来,不同之处主要在于数码相机将拍摄的影像用数字的方式储存起来,其他方面与传统的相机区别不大。数码相机具有以下优点:成本低,数码相机不像传统相机那样需要把影像呈在胶卷上,而是直接以数字的方式存储在存储卡等媒介上;影像拍摄后,可以被立刻输入电脑进行修正、合成、传输和打印,也可以把计算机和投影机相连接,把拍摄来的影像直接投影到屏幕上,向众多学生实时展现。

二、扫描仪

扫描仪是一种计算机外部设备,它是通过捕获图像,将之转换成可以显示、存储、编辑,并可以输出到如投影机等视觉输出设备的一种设备。其工作原理就是先将光线照射到需要扫描的材料上,光线反射回来后由 CCD 光敏元件接收并实现光电转换。各种各样的印刷品、照片、图纸等等都可以作为扫描对象,并可进一步借助于相关照片处理软件按照自己的意图进行编辑、处理。

在教学过程中,扫描仪是一种越来越得到推广的教学工具,在高校中常常用来收集文献资料、制作期刊目录、供教师编选习题、辅助试卷讲解等。

三、投影机

投影机是把图像信号放大投影到屏幕上供多人观看的视觉教学设备。从信号来源来说,投影机既可以与计算机等进行连接,也可以与录像机、电视机、影碟机等连接。一般既能接收数字信号又能接收模拟信号,是一种应用十分广泛的大屏幕影像设备,广泛应用于会议、讲座、指挥监控等。

(一)投影机的简介

1. 按用途划分的投影机类型

按照用途的不同,可以把投影机分为两类:家用视频型和商用数据型。

家用视频型投影机适合播放电影和高清晰电视,对比度较高,投影的画面宽高比多为 16∶9,各种视频端口齐全。

商用数据型投影机主要用来显示电脑输出的信号,一般用于教学或会议中的演示,投影画面宽高比为 4∶3,功能全面,对于图像和文本以及视频都可以演示,一般都同时具有视频及数字输入口。

2. 按发光原理划分的投影机类型

按照发光原理的不同,可以把投影机分成三大系列:液晶投影机(Liquid Crystal Display, LCD)、数字光处理器投影机(Digital Lighting Process,DLP)、阴极射线管投影机(Cathode Ray Tube, CRT)。

LCD 投影机采用透射式投影技术,投影画面色彩真实鲜艳,色彩饱和度高,光利用效率很高。LCD 投影机比用相同瓦数光源灯的 DLP 投影机有更高的光输出,因此高流明的投影机主要以 LCD 投影机为主。它的缺点是黑色层次表现不太好,对比度比较低。

DLP 投影机采用反射式投影技术,使投影图像灰度等级、图像信号噪声比大幅度提高,画面质量细腻稳定,尤其是播放动态视频时,没有像素结构感,形象自然。但图像颜色的还原质量不如 LCD 投影机,色彩不够鲜艳。

CRT 投影机也叫三枪投影机,原理与电脑的 CRT 显示器类似。它的优点是寿命长,图像色彩丰富。但这种投影机的亮度值比较低,并且体积较大、操作复杂,已较少使用。

3. 投影机的技术规格

(1) LCD 投影机的技术规格

首先是液晶板具有不同的尺寸规格。LCD 液晶板越小,投影机的体积越小。但是过小的 LCD 难以做到既有高分辨率又有高亮度。目前以 0.9 英寸和 0.7 英寸的面板最多,也有一些是 1.3 英寸、0.5 英寸、0.79 英寸、0.99 英寸和 1.0 英寸的。

其次是使用的液晶板数量,单片结构由于性能较差,已经基本淘汰。当前主流为 3 片式 LCD 投影机。

第三是投影机的体积,在同等亮度和分辨率时,投影机体积越小则价格越高。

(2) DLP 投影机的技术规格

DMD 芯片尺寸是决定投影机体积和重量的重要因素,目前主要有 0.55 英寸、0.7 英寸、0.9 英寸和 1.1 英寸等规格的芯片。

从结构来看,最常见的有单片式和 3 片式两种,其中 3 片式结构主要应用于影院系统和高性能产品中,市场上常见的基本是单片式结构,人们在比较 DLP 技术和 LCD 技术时,也主要指单片式 DLP 技术和 3 片式 LCD 技术之间的比较。

(二) 投影机的正确使用

1. 正确地开关机

开机时必须按照指定的步骤,否则容易损坏投影机。

开机时,首先接通电源,然后持续按住投影机面板上的 LAMP 指示灯,绿灯闪烁说明仍处于启动状态,这时不应当操作,只有当绿灯不再闪烁时,才可进行下一步操作。

关机时,不能直接断掉电源,而应该先持续按住 LAMP 指示灯直到绿灯不闪,继而变为橙色,散热风扇停止转动后,方可切断电源,拔掉插头。

使用过程中如意外断电,要等投影机冷却 5 分钟后,再启动。同样,投影机正常关机后,如再次启动,也要等投影机冷却 5 分钟后再启动。

投影机闲置时,应当切断电源,不要让其长期处于待机状态。

2. 利用出厂设置

投影机在使用过程中,如果调乱了功能,导致无法达到最佳效果时,可以在菜单中找到"出厂设置",按"确定"键恢复到出厂设置状态。

3. 笔记本电脑与投影机连接时的显示状态控制

当用笔记本电脑与投影机连接时,一般二者的显示有四种状态:

笔记本液晶屏亮,外接显示设备亮;

笔记本液晶屏亮,外接显示设备不亮;

笔记本液晶屏不亮,外接显示设备亮;

笔记本液晶屏不亮,外接显示设备不亮。

如果出现的不是需要的显示状态,只需按笔记本电脑键盘功能键进行切换即可。一些常见品牌的笔记本电脑的切换功能键为:TOSHIBA:Fn+F5;IBM:Fn+F7;Compaq:Fn+F4;Gateway:Fn+F3;NEC:Fn+F3;Panasonic:Fn+F3;Fujitsu:Fn+F10;DEC:Fn+F4;Sharp:Fn+F5;Hitachi:Fn+F7;Dell:Fn+F8。

4. 投影机与信号源应当使用同一电源接线板

有时,投影机的输出图像不稳定,出现条纹波动,这是由于投影机的电源信号与信号源(比如笔记本电脑)电源信号不共地造成的。这时,只要将投影机与信号源设备尽量使用同一电源接线板即可。

5. 在使用中注意保持良好的通风

为了使投影机正常工作,防止机器升温过高,使用中注意切勿堵塞或遮盖投影机背部和底部的散热通风孔。如果投影机使用中突然自动断电,过一会儿开机又恢复,这常常是由于机器使用中发生过热,投影机中热保护电路启动了。这时要检查投影机的通风是否受到阻碍。

6. 计算机显示器的分辨率要与投影机的分辨率相匹配

有时,会发生投影机不能显示计算机显示器上的全部内容的情况,这一般是由于投影机与计算机的显示分辨率不匹配造成的。这时只要把计算机显示器的分辨率设置成与投影机的分辨率相匹配即可。但如果投影机出现故障也会出现这种情况,这样的话,则只能请专业人员维修。

四、电子白板
(一)电子交互白板简介

电子交互白板(Electronic Interactive Whiteboard,IWB),也被称为智能黑板,是由软件白板操作系统(ACTIV studio)与相应的硬件组成的现代化教学设备。它的硬件由电子感应白板、感应笔、计算机和投影机组成。

电子感应白板是一块具有普通黑板尺寸、在计算机软硬件支持下工作的大感应式屏幕,其作用既相当于计算机显示器又相当于传统的黑板。电子感应笔承担电子白板书写笔和计算机鼠标的双重功用,其作用相当于传统的粉笔。教师或学生直接用感应笔在白板上写字或发布命令。软件白板操作系统一方面为人的操作提供平台,另一方面还自带一个强大的学科素材库和资源制作工具库,教师可以在白板上随意调用各种素材。

因此,电子交互白板集黑板、计算机、投影机等多种功能于一身,既可以像传统的黑板一样任教师随意涂写勾画,也可以实现多媒体教学的各项功能。而且,在白板上可以直接用手指点击各种教学软件、课件,教师上课就不必受制于电脑键盘而必须呆在电脑前,可以有更多的时间面对学生,展示肢体语言,提高讲授效果,并且有利于及时观察学生的当前状态。

(二) 电子交互白板的教学效果

1. 便于教师掌握学生的差异

当学生在白板上写出自己对问题的解答时,不管是正确还是错误,白板的系统会自动储存这些过程,为教师在课下分析学生学习过程中的问题提供了方便。

2. 便于教师调用各种教学资料

白板系统中可以存储大量的学科素材,教师必须根据自己的教学目标,调用教学资源库中的素材形成自己的教案。此外,教师还可以通过白板系统直接上网,寻找相应的教学素材。

3. 丰富的视觉功能提高了演示效果

白板操作系统具有拖放、照相、隐藏、拉幕、涂色、匹配、动画、即时反馈等功能,提升了视觉效果,可以提高学生的学习兴趣。

4. 便于教师总结经验、提高教学水平

教师在白板上实现的教学过程,可以储存起来,作为教师教学的电子档案和素材,也便于教师总结经验。

5. 便于学生复习教师的讲授内容

白板可以记录教师的授课内容和过程,学生把这些内容复制到自己的计算机上,可以随时复习。

(三) 使用白板教学时需要注意的问题

一般来说,使用白板进行教学时,班组人数不宜过多,一般不应超过 40 人。在学生数量比较少的情况下,可以较好地发挥白板的功能,师生们进行交流比较方便。如果在人数较多的环境中使用,不仅很难发挥白板教学的优势,而且会导致后排的学生看不清楚白板上的教学内容。

第二节 听 觉 设 备

听觉设备是指承载并传递听觉信息的物质工具,如为教学所用的录音机、收音机和扩音机等。传递听觉信息的设备在一些学科(如外语和音乐等)的教学过程中发挥了巨大的作用。

一、录音机

磁带录音机主要用于声音的记录和重放。常用的磁带录音机有盘式和盒式两种。盒式录音机以其录放音操作简便、价格便宜、性能优良等特点,在教育领域得到广泛应用。盒式录音机按其功能可分为单放机、录放机、收录机、立体声收录机等。

录音机一般由磁头、机械传动部分(机芯)和电路三部分组成。录音机的磁头分为录音磁头、放音磁头和抹音磁头三种,普及型录音机常把录音磁头和放音磁头并成一个录放磁头。机械传动部分由驱动机构、制动机构和各种功能操作机构组成。电路部分由录放音放大器、超音频振荡器和一些特殊功能电路组成。机械系统不直接参与磁—电转换,但它承担了整个录音机的运行,在录音机中是关键部分,录音机质量的好坏在很大程度上取决于机芯。

二、激光唱机

激光唱片(CD)是利用数字记录技术录成的。声音的信号都被转换成一系列"1"和"0"组成的数字信号;数字信号经过编码后,调制在光信号上,由高功率的激光管,以较强的激光束打到塑料母盘上,在盘上刻制成千上万个与声音信号相对应的二进制的数字信息。激光唱机就是利用激光束读取激光唱片中的"1"和"0"数字编码,然后再转换成声信号的原理制成。

三、扩音机

扩音机是用来将微弱的电信号放大成具有一定功率电能的设备,也就是把话筒、拾音器受到机械振动后所产生的信号电压,或由收音机、录音机等接收的信号电压,经过多级放大之后,使其具有一定的功率来推动扬声器,从而发出声音。扩音机的组成一般分为三个部分:前置放大部分、功率放大部分和电源。

扩音机按输出功率的大小分,有大型扩音机(大于 200 W)、中型扩音机(100～200 W)和小型扩音机(小于 100 W)。小型扩音机是教育教学中比较常用的一种设备。

按扩音机的输出方式分,有定阻输出和定压输出两种。定阻输出是扩音机的输出端子以负载阻抗为联接标准;定压输出就是扩音机的输出端子以输出电压作为联接标准。一般教学中常用的小功率扩音机常为定阻输出式扩音机。

第三节 摄像机及影视教材制作

影视教材是将视、听功能结合在一起形成的教材。由于它具有鲜明、生动、直观的图像,加上语言等声音的结合,使教学内容得到了充分表达,能全面地向学生传递教学信息,提高学生对教学内容的记忆与理解水平,并且由于内容的生动性而能激发学生的兴趣。因此,影视教材具有广泛的应用前景。

一、摄像机

(一)摄像机简介

摄像机是教师制作视听觉教材的重要设备。

摄像机种类繁多,但其基本功能都是把光学图像信号转变为电信号,以便存储或者传输。在拍摄时,被拍物上反射的光被摄像机镜头收集,并使其聚焦在摄像机的受光器件上,把这些光信号转变为电信号,即得到了"视频信号"。这个信号的原始状态很微弱,通过放大电路放大,再经过各种电路处理,最后得到的信号可以通过录像机在媒介(比如 DVD 光盘或录像磁带)上记录下来,以备以后在电脑或 DVD 视盘机及电视机组成的系统上播放,也可直接通过传播系统传播到电视机等显示终端上播放。

（二）摄像机分类

1. 按光—电信号的转换原理不同分类

（1）摄像管摄像机

摄像管又分为析像管、光电倍增析像管、超正析像管和光导摄像管等几种。目前多使用小巧的氧化铅光电摄像管。各种摄像管都有一个真空玻壳，里面装有靶面和电子枪。被摄景物透过玻壳上的窗成像于靶面，利用靶面的光电发射效应或光电导效应将靶面各点的照度分布转化为相应的电位分布，如此就将光图像变成电图像。在管外偏转线圈驱动下，电子束逐点逐行扫描靶面，把扫描路径上各像素的电位信号按序输出。

（2）CCD摄像机

CCD指电荷耦合器件（Charge Coupled Device），几十万个器件单元排列成阵面，表层具有光敏特性。被摄景物成像于阵面，各单元存储电荷量和照度成正比。将阵面各单元信号按一定顺序移出，即得到强度随时间变化的图像电信号。CCD摄像机具有体积小、重量轻、不受磁场影响、良好的抗震动和抗撞击之特性而被广泛应用。

2. 按质量档级分类

（1）广播级摄像机。一般用于电视台和节目制作中心，质量较高，价格较贵。

（2）业务级摄像机。一般常用于电化教育及工业监视等。性能指标也比较优良，多为三管（光电转换器件为光电导摄像管）或三片CCD（光电转换器件为固体光电传感器CCD，有取代摄像管的趋势），价格相对较低。

（3）家用级摄像机。体积小，重量轻，功能多，使用简便，价格低廉，多为单片CCD摄录一体机。教师也常使用此类摄像机自制教学节目。

3. 按视频表达的格式分类

按视频表达的格式分类，摄像机可分为模拟摄像机和数码摄像机。

（1）模拟摄像机

模拟摄像机中的图像信号对拍摄对象的亮度与色彩的表达为连续的模拟式信号，比如连续变化的电压或电流等。这是一种传统的表达格式。模拟摄像机的图像是用AV接口输出的。

（2）数码摄像机

数码摄像机，也称为DV，DV是英语Digital Video的缩写。

从外观上看，与模拟摄像机相比，数码摄像机有两个显著特点。

一是数码摄像机的输出是采用1394数字接口，没有这个接口的摄像机是模拟摄像机。二是数码摄像机有一个可以即时浏览图片的屏幕，称之为显示屏，一般为液晶显示器（LCD），其尺寸一般为2.5英寸或3.0英寸。

与模拟摄像机相比，DV的优点为：

① 清晰度高。一般的模拟摄像机的清晰度（也称为解析度、解像度或分辨率）不高，如水平清晰度为240线，较好的也只有400线，而DV的水平清晰度能达到500～540线，可以和专业摄像机相媲美。

② 色彩纯正。DV的色度和亮度信号带宽几乎是模拟摄像机的6倍，因而DV拍摄的影像的色彩更加纯正绚丽，可以达到专业摄像机水平。

③ 无损复制。数码摄像机录制的图像可以无数次地转录,影像质量不会下降,这是模拟摄像机做不到的。

④ 体小量轻。与模拟摄像机相比,DV 机的体积很小,重量也很轻。

⑤ 可由计算机读取和编辑。可以方便地把 DV 拍摄的图像输入到计算机中,在计算机上对其进行编辑,还可以刻成 DVD 保存起来。

像素是 DV 最重要的技术指标。像素越高,图像分辨率也越高。

DV 的镜头有 CCD 和 COMS 之分。

DV 存储图像的介质目前主要有硬盘、光盘、DV 带、存储卡这四大类。

硬盘 DV 的优点主要是存储容量大,可以很方便地将录制的节目存储到电脑中或者直接利用配套的 DVD 刻录设备将碟片刻出。

光盘 DV 采用了 DVD 光盘作为存储介质,当结束拍摄的时候,只需要将 DVD 直接取出就可以在 DVD 播放器上进行播放。光盘的缺点是图像的保存时间相对较短。

以磁带为存储介质的 DV 出现得最早,优点是磁带的价格便宜,这类 DV 主机的价格也比较低。缺点也是磁带保存的时间较短。

以存储卡为介质的 DV,其存储卡一般为价格便宜的 SD 卡,目前 SD 卡的容量不断加大,容量已经达到 N 个 GB 级别。相比其他存储介质的 DV,此类 DV 的体积最小,缺点是待机时间短。

(三) 摄像机的主要性能指标

1. 信噪比

指视频信号电平与噪声电平之比,是摄像机质量的重要指标。信噪比越高,图像质量越高,通常在 50 dB 以上。

2. 最低照度

拍摄时,摄像机需要拍摄对象必须达到某一亮度(照度),否则拍出的图像无法看清。

最低照度是摄像机开到最大光圈使用最大增益时,让图像电平达到规定值所需的照度。一般在几十勒克斯。

如某台摄像机的最低照度为:F1.8 13LUX+18 dB,即最大光圈为 F1.8,最大增益为 18 dB 时,最低照度为 13LUX。

3. 灵敏度

灵敏度是以 32000 K 色温、2000LUX 照度的光线照在反射度为 89%～90% 的灰度卡上,用摄像机拍摄,图像电平达到规定值时,对光圈指数 F 有要求,F 值越大,灵敏度越高。

如某台摄像机的灵敏度为:2000LUX F8.0(32000 K, 89.5%)。

灵敏度越高最低照度越低,摄像机质量越高。

4. 解析力

解析力,即拍摄出的图像的清晰度,用画面上可分辨的电视线数表示,分为水平清晰度和垂直清晰度(摄像机性能指标上标出的是图像中心的清晰度)。

如:某台摄像机的水平清晰度为 800 线,垂直清晰度为 450 线。

二、影视教材的制作

影视教材是同时利用学生的视听觉感官进行教学的教学材料。制作影视教材不仅要有明确的教学目的,同时还要有鲜明的视听表现力。这要求编写者既要了解电视节目的表现手法,又要懂得教学规律。因此编写者应该是既懂视听艺术又懂所教专业的教师,在编写教材过程中也可取得电视节目制作专业人员的帮助,合作制作。

1. 选题

选题就是选择、确定编制影视教材的课题。

影视教材选题要注意扬长避短,比如可以选择那些难以用语言表达从而需要用图像来形象化表现的教学内容,以及受到时间和空间、宏观或微观限制而无法在教室里直接观察或展示从而需用视听形式呈现的教学内容。

2. 编写文字稿本

书写格式最常用的是并列式。画面与解说词分为左右两侧并列书写,以便左右对照,条理清楚。编写文字稿本,安排结构是个关键的问题。只有结构严谨,条理分明,才能保证教材的逻辑性和系统性,便于学生理解和接受知识。通常一部完整的视听教学片的文字稿本,分为开头、中间和结尾三部分。

开头要精彩,简单明了,能吸引人。中间部分是全片的核心,需要展开,要段落分明、层次清楚、重点突出、节奏适中。特别要体现教学方法和教学艺术,用精炼流畅的解说词对重点和难点加以强化,激励学生的思维。结尾是全片的总结,要求简洁有力、首尾呼应、得出结论、发人深思,达到言已尽而意无穷的效果。

3. 编写分镜头稿本

分镜头稿本是根据教学内容和影视教材文字稿本经过分析研究以后进行的再创作。内容包括镜头号、景别、技巧、画面内容、解说词、音乐、效果等。就是把未来一部完整的影视教材,具体地分解成若干个镜头,并按每一个镜头的内容,把与之相对应的台词、音乐、效果等一一写清楚。

划分分镜头,主要是要考虑教学的需要。比如学生在看画面时,是从远处看,还是从近处看;是整体看,还是局部看;从高处往下看,还是从低处往上看;是浏览着看,还是需要固定下来观察某些细节,等等。

4. 影视教材的制作

影视教材的制作分为前期制作和后期制作。

前期制作是指各种素材的摄制。主要是以分镜头稿本为依据,摄录制作教材所需要的视觉、听觉素材。

后期制作是将前期拍摄的各个分散的视听素材编辑合成,最终形成一部完整的影视教材的过程。

第四节　计算机在教学中的应用

视觉、听觉、视听觉设备都只是单向传播教学信息。但教学活动是一个相互作用的过程,需要在教学设备和学生之间建立一种互动的状态,能够实现这种教学功能的设备主要是计算机。

使用计算机对文本、声音、图形、图像、动画等进行综合处理,编制一系列的教学课件,创造出一个图文并茂、有声有色、生动逼真的教学信息环境,为教学提供形象化的表达工具,能有效激发学生的学习兴趣。

一、计算机辅助教学

1. 计算机辅助教学的要素

计算机辅助教学(Computer Assisted Instruction,CAI)是在计算机辅助下进行的各种教学活动,即以对话方式与学生讨论教学内容、安排教学进程、进行教学训练的方法与技术。CAI能为学生提供一个良好的个人化学习环境。综合应用多媒体、超文本、人工智能和知识库等计算机技术,克服了传统教学方式上单一、片面的缺点。CAI的使用能有效地缩短学生学习时间,提高教师教学质量和教学效率,实现教学目标的最优化。

CAI系统一般由计算机硬件、软件和课件三部分组成,它们是CAI系统构成的三要素。

(1)硬件系统

硬件系统由计算机系统、学习终端系统和数据通信系统三部分组成。

计算机系统:计算机系统是硬件系统的构成中心。计算机可以对连接在系统上的每个学习终端进行管理。

学习终端系统:学生利用学习终端,在"人机对话"的过程中进行学习。学习终端主要由显示器和键盘组成。

数据通信系统:数据通信系统是用来实现计算机系统和学习终端间的教学信息、控制信息、应答信息的传递。

(2)软件系统

软件系统包括语言处理系统、系统控制程序和应用管理程序。

(3)课件

在CAI系统下,整个学习过程都是通过学生与计算机之间形成交互式的"人机对话"展开的。在这个教学过程中,学生和计算机之间不断地传递各种教学信息。课件就是用来存储、传递、交换、解释和处理这些教学信息的。

2. 计算机辅助教学的特点

(1)教学的交互性

计算机辅助教学的最突出的特点是教学在计算机与学生会话的过程中进行。二者可以及时灵活地进行交流和反馈,大大提高教学效果。

(2)有利于因材施教

它是按照以学生为主体的学习方式设计的,它允许学生按照自己的学习策略、习惯进行学习,学生可以根据自己的特点、兴趣、时间等选择自己的学习活动,体现了个别化教学的思想。

(3)能够提高学生的积极性

　　计算机辅助教学系统具有信息量大、画面生动、内容丰富、问题多样、反馈及时等特点,可以极大地激发学生的学习兴趣和学习热情,增强学生学习主动性,提高教学的效率。

　　(4) 有利于把教师从重复劳动中解放出来

　　学生利用计算机辅助教学课件进行学习,让学生自己围绕教学目标,进行多次、反复、多种形式的练习,在学习、练习中,计算机辅助教学系统可以为学生辅导、评判作业、指正错误,既让学生学习、巩固了知识,又大大减轻了教师出题、阅卷、批改、答疑、统计等工作的劳动量,使教师可以把主要精力放在研究教学的思想、教学方法、教学策略、教学设计等工作中去;另外,计算机辅助教学课件既可以重复使用,又便于修改和保存,从而减轻教师的备课负担。

二、多媒体辅助教学系统

1. 多媒体教学系统及其特点

　　多媒体辅助教学系统是在原 CAI 系统的基础上,增加声卡、显卡、光盘驱动器和相关的外部设备及相应的应用软件形成的一套教学系统。该系统克服了原计算机辅助教学(CAI)系统只限于处理文字、数据、图形,交互式对话手段简单等缺点,使学生通过该系统的操作环境,实现文字、数据、图形、图像、声音、动画等多种信息的交互传递,获得声、像、文并茂的教学内容。

　　多媒体的关键特性在于信息的多样性、交互性。

　　信息的多样性,是指信息种类的多样化,从早期的数值、文本到多媒体时期的图像、图形、文本、动画、音频及视频等,能够同时刺激人们的多种感官,增强了对教学内容的理解。

　　信息的交互性,是指学生能够积极主动地参与教学过程,实现计算机与学生的双向信息沟通。交互性是多媒体教学与影视教学的主要区别。

　　目前我国大学基本都建立了多媒体教室,在这种教室中,学生每人一台计算机,自己操作课件进行学习;或者教师通过与计算机相连接的投影机把讲课内容展示到屏幕上,让学生看到教师操作计算机的步骤和课件的内容。

2. 多媒体软件

　　多媒体软件是指综合运用多媒体技术来处理多媒体信息的软件。按照它的功能,一般可以分为以下三个层次或类型:多媒体系统软件、多媒体工具软件和多媒体应用软件。

　　(1) 多媒体系统软件

　　多媒体系统软件就是通常所说的多媒体操作系统和操作环境。它是普通操作系统和多媒体支持系统的集成。它的任务是负责多媒体环境下的多任务调度,提供多媒体的基本操作和管理,因此它是多媒体软件中的核心部分。

　　微软公司推出的 Windows 95 及其后来开发的 Windows 98、Windows 2000、Windows XP、Windows 7 等版本,提供了越来越强大的多媒体功能和可视化效果,为多媒体教学应用提供了高性能操作平台。

（2）多媒体工具软件

多媒体工具软件主要包括多媒体素材编辑软件、多媒体创作软件和多媒体播放软件等。

多媒体素材编辑软件主要用于采集、整理和编辑各种多媒体素材,例如声音录制和编辑、图形制作、视频采集和剪辑及动画的生成等等。此类软件种类繁多,功能各异。比如,用于图像处理的有 Photoshop、3ds max、AutoCAD 等,用于动画制作的有 Animator、GIF Construction Set 等,用于声音制作的有 GoldWave、CoolEditPro、Cake Walk Pro Audio 等,用于视频制作的有 Media Studio Pro、会声会影等等。

多媒体创作软件是运行在多媒体系统软件之上,供专业开发人员编排多媒体素材,并将它们连接成完整的多媒体应用程序的工具性软件。目前比较有名的有 ToolBook&MRK、Authorware 等等。此外,传统的编程语言近年来也加强了开发多媒体的能力,可以作为创作工具使用,例如 Visual C++、Visual Basic、JAVA 等等。

多媒体播放软件是运行在多媒体系统软件之上的一种专用软件,主要用于各类格式的多媒体信息的播放。

（3）多媒体应用软件

多媒体应用软件是指在多媒体硬件平台上,利用编程语言或多媒体创作工具开发出来的最终多媒体产品。例如多媒体教学软件、交互式电影等等。

3. 多媒体课件的开发

多媒体课件是一种利用多媒体技术设计开发的辅助教学软件。通常一个多媒体课件包括两方面的内容,其一是利用符号、语言、文字、声音、图形、图像、动画等多种媒体描述的教学信息,其二是按照教学设计的要求,引导学生通过人机交互作用展开学习过程的各种控制信息。

多媒体课件开发的一般流程如下:

（1）脚本设计

脚本也称作为"稿本",脚本的设计阶段是课件开发过程中从面向教学策略的设计到面向计算机软件实现的一个过渡。多媒体课件的脚本分为文字脚本和制作脚本两方面。

文字脚本是描述多媒体课件教什么、如何教,学什么、如何学的文字。它包括教学目标分析、教学内容和各知识点、学习者特征、课件模式的选择、教学策略的制定、媒体的选择等,一般由学科教师完成。

制作脚本是在文字脚本的基础上,给出课件制作的具体方法,如页面的元素与布局、人机交互、跳转、色彩配置、文字信息的呈现、音乐或音响效果、解说词、动画及视频的要求等。

（2）采集、制作多媒体素材

多媒体课件必须利用各种感官信息来多方位地刺激学生,使学生能牢记知识,能形象、有趣地完成练习。脚本设计给出了制作课件的具体要求,然后要为制作课件准备各种类型的媒体素材,多媒体课件的素材要尽可能多地采用图形、图像制作、音频制作、动画制作、视频制作等等。

（3）用多媒体创作工具集成课件

目前,多媒体课件的开发工具很多,如 Authorware、Flash、PowerPoint、FrontPage、Dreamweaver、VisualBasic、VisualC＋＋和 Director 等,可以根据不同的需要来选择这些工具。

（4）课件测试与修改

测试修改是多媒体课件开发过程中的一个重要阶段。在正式使用之前,一定要通过静态调试(用来纠正语法错误,校正图形显示效果)、动态调试(检查逻辑错误)等手段来不断完善、修改课件。

待这一切工作都全部完成后,就可以将制作完成的多媒体课件打包或发布出去了。

| 例 15 用 Authorware 制作课件的经验 | 在教学中有效利用多媒体技术的关键是开发出优良的课件,而课件开发要讲究步骤、开发环境等。下面是一位教师用 Authorware 制作课件的经验。

1. 在开始制作课件之前,要明确制作本课件的教学目的,并进一步列出所有课题。

2. 课件开发的基本步骤

开发教学课件的基本步骤为:选题、撰写脚本、利用媒体正确表达脚本信息、合理调配脚本资源。目标是将教师的经验和知识通过课件的形式很好地展现出来。

3. 编写课件脚本

（1）选择课题、撰写详细教案

首先要确定教学内容。在选择教学内容时,要特别考虑如何发挥多媒体的特点,提高教学效率。然后要认真、仔细地研究教学内容的重点和难点、教学流程,并征求有经验的教师的意见,写出常规的教案。

（2）撰写课件脚本

编写脚本之前,应了解多媒体及课件的特点,写出的脚本应当完整、准确和易于实现。然后确定课件的结构、表现形式及顺序。接着要听取意见,修改和完善脚本。

4. 课件制作

（1）收集多媒体素材(包括图形、动画、图像、文本和声音等)。

（2）准备制作课件的工具软件。首先要选择好合适的软件开发平台。可能考虑 Authorware 或 Powerpoint 或国产的方正奥思、洪图等。如果要使课件更加直观、生动,还要借助其他工具软件进行辅助开发。如:抓取静态图片软件,抓取动态图像和声音软件,图片浏览器。

（3）把声音、图形、图像、文字、视频、动画等多媒体素材有机地集成在一起,形成操作灵活,视听效果好的课件。在这个过程中,需要注意三个问题:

一是要注意利用平台的创作特点,可以使用结构化程序设计方法,先将课件脚本模块化,然后再逐步细化,最后落实到各个功能图标。

二是 Authorware 的编程着重程序流程,编程的过程基本是可视化的。该课件的编程操作有如下几种:文字片断的输入,图片、底纹、声音、视频动画等文件的导入,以及各个图标内部对象的布局等。这时要注意使画面美观,吸引学生注意力。 |

三是要注意一些减少错误或提高效率的技巧。如利用 Authorware 的快捷功能键,提高开发效率。图片和声音文件要"链接"进功能图标中,而不要"嵌入",从而减小源文件所占空间。图片用压缩比较大的文件格式存储,声音文件转换为 Authorware 内部的声音格式,减小整个课件所占空间,这样可以提高运行速度。

5. 课件调试维护

任何课件都需要经过多次调试、修改、完善才能达到较理想的效果。可利用 Authorware 内部提供的调试工具,采用调试运行与程序修改同步的方式进行调试。

一般地说,应当将课件打包成能脱离开发平台单独运行的课件,打包后应当在多台计算机上试运行。

三、PPT 课件的制作

(一)Microsoft Office2007 简介

Microsoft Office2007 是美国微软公司推出的办公自动化集成软件,它可快速轻松地创建外观精美的文档、电子表格和演示文稿,还可以管理电子邮件。现在 Office 产品在教学工作中发挥了越来越重要的作用。包括 Word 2007、PowerPoint 2007、Excel 2007、Access 2007、Outlook 2007、Publisher 2007 等等,下面简单地介绍几个在教学中比较常用的组件。

Microsoft Word 2007 是 Microsoft Office 组件里的一个重要组成部分,是一个功能强大的文字处理程序,它有友好的用户界面、强大的编辑能力、新颖的图文混排和灵活方便的表格处理功能,是教师写作文字和编制表格的有力工具。

Microsoft PowerPoint 是 Microsoft Office 系列办公套件中的一部分,用户可以快速创建极具感染力的动态演示文稿。在教学中主要用于设计制作电子版幻灯片。由于其操作简单、功能强大,随着计算机多媒体技术的发展,Microsoft PowerPoint 成为现在各高校教学的主要应用软件之一,教师可以用它来创建风格丰富的演示文稿,文稿中可以包括声音、文字、表格、图像、动画等元素。如果把计算机与投影机连接在一起,可以把 Microsoft PowerPoint 演示文稿直接投影到屏幕上,代替黑板向学生演示。

(二)PPT 课件的制作步骤

1. 课件的整体构思

在制作课件前,教师需要对将要讲授的内容及 PPT 的设计风格进行整体构思。如:讲授该内容的目的何在,内容的重点和非重点该如何把握以及如何通过 PPT 的合理设计将这些充分展现出来。

2. 编制提纲

在不选择制作模板的情况下,一般是将提纲按一个标题一页的格式在 PPT 中进行制作。

3. 编制内容

将讲授的具体内容,借助"项目编号",分层次制作。

4. 排版设计

根据内容特点选择设计合适的模板、模板颜色、字体大小等,使课件的结构层次鲜明,重点突出。同时在适当的位置插入合适的图片、视频,设置合理的动画等,以引起学生的注意。

5. 讲课准备

将课程中使用的图片、视频等放在同一个文件夹中,以便讲课时方便调用。

(三) PPT 课件制作的技巧[①]

比较常用的课件制作技巧有以下几种:

1. 背景变换

进入 PowerPoint,在"格式"下拉菜单中选择"背景"命令,然后选择"背景填充"下拉列表中的"填充效果",并在"图片"中选择相应的图形文件,返回到"背景"后,选择"忽略模板的背景图形",最后按"应用"按钮,就可以改变当前一张幻灯片的模板,重复上述步骤即可改变任意一张幻灯片的模板。

2. 对文字进行超级链接

首先选中文字所在的文本框(不是文字),单击右键,然后选取"动作设置"选项,最后链接到所要跳转的页面。

3. 文件之间建立超级链接

具体步骤为:

(1) 选择要放映的第一个文件;

(2) 在该文件的最后一张幻灯片上画一个比幻灯片略大的矩形,将其设置为"无填充色",并放于该幻灯片的底层;

(3) 选中该矩形,然后再"插入"菜单中选择"超级链接"命令,在"链接到文件或URL"下的空栏中键入一个文件名,或者利用"浏览"选择下一个文件名,最后点击"确定";

(4) 选择下一个文件,重复(2)、(3)步,直至最后一个文件,最后一个文件不需要链接。

4. 声音展现

一般情况下,在展示文字或画面时,在效果选项卡中的"动画和声音"中设置相关的音效或载入简短的 WAV 文件;可以通过设置循环播放使某一段声音循环出现。

5. 文字展现

首先创建文本框,设置好其中文字的格式和动画效果,然后复制多个该文本框,并将其位置设为一致,最后把这些文本框都设置为在前一件事一秒后播放,文本框在动画播放后隐蔽。

---

① 何义勇:《PPT 课件制作的技巧》,载《化工职业技术教育》,2007(2);郭泽平:《PPT 教学课件的常见问题与制作步骤》,载《电化教育研究》,2010(1);刘跃军:《教师制作 PPT 课件存在的问题与对策》,载《中国教育信息化》,2009(18);王茜:《浅淡 PPT 课件制作技巧》,载《电脑知识与技术》,2010(2);罗玮:《用 PPT 制作课件的几点体会》,载《今日科苑》,2008(11)。

第五节　教学设备的选择

一、选择教学设备的原则

最大程度地改善和提高教育教学效果,是选择设备的出发点。具体来说,需要注意如下两点原则:

1. 要注意发挥教学设备的长处

每一种教学设备都具有一定的特性,主要表现在传递的范围、表现力、参与性和受控性等方面,因此不同教学设备具有不同的功能。例如,有的设备适合于传递声音;有的设备则适合于表现运动;还有的设备可以给学生提供参与的机会,实现教学互动。

2. 依据教学内容选择教学设备

选择教学设备时也要考虑教学内容。例如在外语学习中,若要使学生掌握语法规则,教师采用口头讲授、板书或辅以投影材料,就可以实现教学目标。而如果教学目标是以某个题材进行会话,则需要采用音像设备或者计算机多媒体设备。再比如,外语学科经常使用语音设备;理化学科经常使用实验设备;中文、历史学科经常使用电视教学设备等等。

二、选择教学设备的方法

比较规范地选择教学设备,一般分为两个步骤:

1. 描述需求

在备课过程中,教师要依据教学设备选择原则,考虑是否需要某种教学设备以及选择何种教学设备。比如,有关内容仅仅使用语言讲授,是否能够讲述得清楚? 学生是否能够理解和准确认识有关事物? 是否能够利用某种教学设备增加直观性? 一共有多少种设备可供选择? 使用哪种设备学生的接受效果会更强?

如果学校中可供选择的教学设备种类比较少,可以直接根据需求描述来选择某种教学设备。但是,如果可供选择的教学设备种类繁多,为了让教师准确地选择教学设备,可以向教师提供问题表,让教师填写,以调查教师的准确需求,然后再确定使用什么设备。下面是一个问题表实例。

教学设备需求问题表

是为学生提供感性材料还是提供练习条件?

是把教学设备用于集体讲授还是用于个别化学习?

教学内容是否要作图解或图示?

视觉内容是用静止图像还是活动图像来呈现?

视觉内容是否要配备声音?

是否需要使用多媒体技术?

还有什么没有列出的问题?

2. 确定教学设备

接下来是针对所确定的需求，选择能够满足相应需求的教学设备。

不同类型的教学设备有不同的特点。对此，一些学者进行过详细的研究。下面是由加涅提出的教学设备功能表，可以在选择教学设备时参考。

表1 教学设备功能表 功能＼种类	实物演示	口头讲授	印刷材料	静止图像	活动图像	有声影视	计算机辅助教学
呈现刺激	Y	Li	Li	Y	Y	Y	Y
引导注意和其他活动	N	Y	Y	N	N	Y	Y
提供所期望行为的示范	Li	Y	Y	Li	Li	Y	Y
指导思维	N	Y	Y	N	N	Y	Y
产生迁移	Li	Y	Li	Li	Li	Li	Li
评定成绩	N	Y	Y	N	N	Y	Y
提供反馈	Li	Y	Y	N	Li	Y	Y

注：Y＝有功能；N＝没有功能；Li＝功能有限。

思考题

1. 教学设备选择恰当，能达到事半功倍的效果。因此，在高等教育教学过程中，选择恰当的教学设备十分重要。请思考在选择教学设备过程中要遵循哪些原则，并简要论述之。

2. CAI 教学有哪些特点？请简要说明。

参考文献

1. 何义勇：《PPT 课件制作的技巧》，《化工职业技术教育》，2007(2)。

2. 郭泽平：《PPT 教学课件的常见问题与制作步骤》，《电化教育研究》，2010(1)。

3. 刘跃军：《教师制作 PPT 课件存在的问题与对策》，《中国教育信息化》，2009(18)。

4. 王茜：《浅谈 PPT 课件制作技巧》，《电脑知识与技术》，2010(2)。

5. 罗玮：《用 PPT 制作课件的几点体会》，《今日科苑》，2008(11)。

　　随着计算机网络技术的出现,有了基于网络的教育
方法。本章首先阐述了计算机网络以及国内外网络教
育的发展情况,然后介绍了计算机网络教育的形式和方
法,以及设计与制作网络课件的方法。

第一节　计算机网络和网络教育简介

伴随着计算机技术和通讯技术的飞速发展,计算机网络也从面向终端的单机计算机网络发展到计算机对计算机的完整计算机网络。20 世纪 80 年代以后,计算机网络开始向互联、高速智能化和全球化的方向发展,并且迅速得到普及,很快实现了全球化的广泛使用,国际互联网 Internet 正是计算机网络快速发展的结果。可以说计算机网络是计算机发展史上的一次革命,极大地提升了计算机的应用价值,对人们的生产和生活产生了深刻的影响。

一、网络基础知识

(一) 计算机网络[①]

计算机网络是通信技术和计算机技术相结合的产物,它是将分布在不同地理位置上的计算机,通过通信线路连接起来,在网络操作系统、网络管理软件及网络通信协议的支持下,实现数据传输和资源共享的网络系统。

计算机网络的演变经历了四个阶段:

1. 远程终端联机阶段

远程终端联机阶段,始于 20 世纪 50 年代,基本特征是将具有独立功能的单个计算机同多个只具有输入功能的远程终端联接,构成面向终端的计算机网络。典型例子是美国航空公司 20 世纪 60 年代投入使用的飞机订票系统,它由一台计算机和全美范围内 2000 个终端组成。(此处终端不是一台计算机,仅包括 CRT 显示器、键盘,没有 CPU、内存和硬盘。)

2. 计算机网络阶段

始于 20 世纪 60 年代,主要特点是多台具有独立功能的计算机连接起来,形成以传递信息为主要目的的计算机网络系统,为用户提供服务。

这些网络都以实现计算机之间的远程数据传输和信息共享为主要目的,通信线路大多租用电话线路,也有少数铺设专用线路。

3. 网络互连阶段

始于 20 世纪 70 年代中期,此阶段的计算机网络在共同遵循 OSI 标准的基础上,形成了具有统一网络体系结构,并遵循国际标准的开放式、标准化的网络。OSI 把网络划分为七个层次,并规定计算机之间只能在对应层之间进行通信,从而大大简化了网络通信原理,是公认的新一代计算机网络体系结构的基础。

4. 信息高速公路阶段

始于 20 世纪 80 年代末,出现了光纤及高速网络技术,形成了以 Internet 为代表的因特网。

该阶段的重要标志是互联网——Internet——的广泛应用。Internet 作为世界性的

---

① 刘金平、王晓华主编:《计算机文化基础》,化学工业出版社,2008 年版。

信息网络,正在当今世界的经济、文化、科学研究、教育与人类社会生活中发挥着越来越重要的作用。它通过路由器等网络设备实现局域网与广域网的互联。

(二)计算机网络的分类

计算机网络种类繁多,根据不同分类标准,可以有多种分类方法。现在最普遍采用的分类方法是按照网络规模和覆盖范围进行分类,按照这种分类方法,可以将计算机网络分为局域网、广域网和城域网。

1. 局域网(Local Area Network,LAN),是一种在小的区域内使用的网络,其传输距离较短,通常在 10 公里以内,其网络内部的通信无需借助公共通信线路,是适合于一个部门或一个单位组建的网络。较典型的有安装在一个学校范围之内的校园网或安装在一幢办公大楼里的办公网。局域网具有传输速率高(10～1000 Mbps)、误码率低、成本低,容易组网、维护和管理,使用灵活方便等特点。

2. 广域网(Wide Area Network,WAN),又叫远程网络,覆盖范围很大,可以覆盖一个地区、国家或者横跨几个洲,有时甚至扩展到全球,网络之间的通信需要利用原有的公共通信线路,如公共电话线路、宽带载波线路、卫星通信线路。Internet 就是一个广域网。相对于局域网,广域网的传输速率比较低,一般为 96 Kbps～45 Mbps。

3. 城域网(Metropolitan Area Network,MAN),是一种介于局域网和广域网之间的高速网络,覆盖范围在十公里至几十公里以内,传输速率一般在 50 Mbps 左右,在规模较大的机关、企业、院校或公司中比较常用。

二、校园网络

随着我国教育与科研网的发展,我国越来越多的高校建立了校园网络,对学校教学、科研、管理等水平的提高起到了很大的推动作用。

校园网络(Campus Network)是 Internet 技术在学校中的一个典型应用。校园网络用 Internet 技术将校园内各种计算机、服务器、终端设备连接起来,把学校内的信息资源链组建成一个基本能覆盖整个校园范围的计算机网络,使全校师生员工能够共享学校网络上的各种信息资源,并可以通过特定出口连接到广域网中。

校园网络一般都采用"主干加分支"的结构,也就是利用高速网络技术构成整个校园网络的主干网,提供网络上文字、声音、图像等多媒体信息的传播通道,学校里各个系、部门、学生宿舍、局域网或其他计算机系统则作为分支通过设备或集中设备连接到主干网上。

校园网络在学校各方面工作中起着十分重要的作用。其基本功能表现在:

1. 管理

建立在校园网络基础上的学校管理信息系统(MIS)可以为学校人事、教务、财务、日程安排、后勤管理等方面,提供一个先进的分布式管理系统,从而提高管理效率,达到事半功倍的效果。

2. 教学

校园网使传统学校教学的教学方法发生了变化。它给学校教学带来的最大影响是建立了在校园网上的计算机辅助教学(CAI)。CAI 系统使学生可按自己的速度安排学习,做到因材施教,提高教学效果和质量。学生在多媒体网络教学系统中学习,并通过网络与教师进行交流,达到个体化学习和群体化学习相结合的目的,学生有更大的学习自由。教师也可以通过计算机网络减少重复劳动,用更多精力改进教学,提高质量。

3. 科研

校园网络可使用户共享各类计算机软、硬件资源及学术信息资源,为科学研究服务,从而提高科研效率。校园网络还能使科研人员通过对外联网检索世界各地的信息资料,还可以与世界各地的专家探讨最新的思想和科研成果,发表、交流各种学术观点,交换论文等,可大大降低科研成本。

4. 图书馆自动化

数字图书馆的资源数字化、联系网络化、获取自主化等优点是传统图书馆无法比拟的。每个用户都可以通过校园网络方便地对图书馆的图书、文献信息进行检索与阅读。读者可以访问图书馆的联机数据库,可以在自己家中和办公室里通过校园网络阅读报刊或检索资料。

5. 强化对外交流

校园网络还可以与其他的计算机信息网络或国际学术性计算机网络互联,获得更齐全的网络功能,了解和获取各种所需要的信息。校外用户可以通过 Internet 访问学校的网站,了解有关信息,扩大学校的影响。

三、现代远程教育

(一)现代远程教育简介

为了满足不同地点与不同学习时间的人们学习或培训的需要,伴随着计算机网络技术的发展,产生了现代远程教育。它的优点在于使学生在时间与空间不统一的条件下,能与教师进行交流并完成学习任务。计算机辅助教学(CAI)与互联网的有机结合,是基于网络的现代远程教育的新趋势。

远程教育也称为远距离教育(Distance Learning),是指教师和学生凭借通信线路所进行的非面对面的教育形式。远程教育是相对于课堂教学而言的,课堂教学是一种师生双方面对面进行交流的教育形式,而远程教育由于有远程传播技术的支持,教师和学生双方是不直接见面的,相互的交流依靠传播手段,可以超越时间和空间的限制。

迄今为止,远程教育已经历了由 19 世纪中叶兴起的函授教育,20 世纪初期兴起的广播电视教育,直至 20 世纪末期出现的双向交互网络教育三个发展阶段。

现代远程教育是上述远程教育形态中的第三代,它是计算机技术与互联网网络技术在远程教育领域的运用,它可以将分布在不同地点的教师、学生结合在一起。学生可以个别学习,也可在"虚拟教室"中进行讨论或与教师交流。

现代远程教育作为一种新兴的教育思想和技术,能提供公平、广泛和廉价的教育方式,使教育效率大大提高。学习者不再受地理位置和上课时间等因素的影响和制约,世界上任何地方的学习者在任何时候都能利用最有价值的教育资源和最优秀的网站,特别是许多在职人员可以自由选择学习时间,克服工作与学习之间的矛盾。

(二) 现代远程教育的类型

现代远程教育有很多种形式。我们可以从不同的角度对现代远程教育的形式进行分类。

1. 从教学形式上看,现代远程教育大致分为三种常用的类型

第一,实时传播教学系统。该类系统包括一间主播教室及数间远端教室。教师在主播教室讲课,学生则处在异地的远方教室中听课。教材的设计与呈现采用多媒体方式,师生之间可进行实时问答和交流。

第二,虚拟教室教学系统。该类系统利用计算机软件设计出一套教学管理系统,用计算机模拟上课的情景进行教学,包括教师讲课、布置作业、回答问题。学生可以学习课程内容、提出问题并参加考试等。学生任何时候都可在计算机前通过通信网络与教学管理系统连接,进行学习或向教师请教问题。

第三,课程随选随学系统。该类系统利用目前信息领域中最热门的"交互式视频点播技术"(Video on Demand,VOD)。学生可在计算机或装有控制盒(Set-Top-Box)的电视机上,通过网络取得所要学习的教材,并且依照个人学习速度控制播放过程来进行远距离学习。

2. 从实现技术上看,目前的现代远程教学系统主要有四种

第一,利用互联网的网络教学。

第二,窄频带的视频会议系统(利用 ISDN 技术)。

第三,宽频带的实时群播系统(利用 ATM 技术)。

第四,交互式视频点播系统(利用 VOD 技术)。

这四种结构各有其优缺点。互联网网络和窄频带视频会议系统比较经济,但视频传输质量较差;宽频带实时群播系统可以在教师和学生之间进行实时的讨论,但成本较高;交互式视频点播系统不具备实时讨论的功能,但自主性较强,可让学生在任何时间选择想学习的课程进行学习。

3. 从信息传输的时效上看,现代远程教育有两种形式

第一,实时传输方式(Synchronous Delivery)。该类方式主要包括交互电视、远程会议、计算机会议、网上交谈等。其优势在于能够减少学生的学习困难、提高学习效率和积极性。

第二,异步传输方式(Asynchronous Delivery)。该类方式所采用的教学媒体主要包括音频媒体、视频媒体、数字媒体(以计算机为典型装置)及印刷媒体等。其优点是灵活性强。

四、网络教育的特点

网络教育是远程教育的第三个发展阶段,即现代远程教育,它集多媒体计算机的长处与通信技术的优点于一体,给教育技术带来了巨大的进步。

与传统的教育形式相比,网络教育具有一系列特点。[1]

---

[1]　王芳:《浅议网络教育》,载《甘肃政法学院学报》,2002(05)。

1. 交互性的教育过程

网络教育的最大特点是它的实时交互性。实时交互是指在网络上的各个终端可以即时实施交流问答。

这首先表现在教师与学生之间的交流上。在网络上,每位学生都有机会向教师提出问题,得到教师的指导与讲解,增加教师与学生的交流机会和范围。并且可以通过计算机对学生提问类型、人数、次数等进行统计分析,使教师了解学生在学习中遇到的疑点、难点和主要问题,更加有针对性地指导学生。

教学过程的交互性还表现为学生和学生之间的交流。不同地区的学生之间可以通过网络进行交流。比如对感兴趣的事情和课题进行讨论,发表自己的观点等等。

另外,网络还通过课件实行人机交互,学生可以有针对性地获得图文声像并茂的教育信息,大大提高学习效率。

2. 共享教育资源

网络作为一个巨大的资源库,为学习者提供了取之不尽的学习材料;网络教学系统中存储着大量的数据、档案资料、程序、教学软件等各种教学信息,而且还把全世界的学校、研究所、图书馆等都联系了起来。通过网络,学习者可以共享这些信息资源,这是其他任何一种媒体和技术手段都无法做到的。

3. 充分实现了个性化学习

传统的班级上课制难以实现个别化的教学。但是在网络教育中,教师可根据系统记录的个人资料,针对不同学员提出个性化学习建议,使不同天赋个性和不同层次水平的受教育者都能得到相应的发展。同样,每一位学习者也可以根据自己的特点,在互联网上自由选择合适的学习资源。

4. 能够提供丰富的信息

网络教学能够模拟许多真实的情境,既可包括教师讲授的内容,也能提供难以用口头语言表达的内容,使学习过程"声画同步,图文并茂,有声有色"。引人入胜的学习情境,声情并茂的教学内容,交互式教与学的对话交流,能进一步激发学习者的学习兴趣,使其充分调动各种感觉器官参与学习活动,从而很好地消化、吸收、运用,提高学习效率。

5. 能够提高学习过程的自主性

传统的课堂教学是以教师为中心的灌输式的教学,极大地限制了学习者的自主学习。而在网络教育过程中,学生能够根据自己的兴趣、爱好、知识、经验、需求来选择和利用教育信息,选择自己的认知环境,控制选择学习的主题和数量,控制学习的进度。这样,学生就有高度的主动权,也有助于引导学生积极主动地参与学习过程,学会学习,培养学习的自主性和自觉性。

五、中国的网络教育

到目前为止,世界上已有100多个国家开展了网络教育。国际经合组织的研究表明,从1995年起,全世界的网络教育规模以每年增加45％的速度扩张。

1994年底,清华大学等10所高校共同承建了"中国教育和科研计算机网示范工程"。1996 年清华大学的远程教育系统网络开始实际筹建,它由两部分组成:一部分是"天网"即卫星电视网,第二部分是"地网"即中国教育科研网。通过"天网"和"地网"的配合,实现文本、图形、数据、音频和视频信息的双向交流。

1998 年,教育部正式批准清华大学、浙江大学、湖南大学、北京邮电大学和中央广播电视大学为国家现代远程网络教育的首批试点高校,我国开始了真正意义上的网络远程教育。同期,教育部启动了新世纪网络课程建设工程,在两年之内,重点规划建设 300 门基础性网络课程。

2000 年 7 月,教育部批准中国人民大学等 15 所高校为开展现代远程教育的第二批试点院校。同月又批准北京师范大学等 11 所高校开展现代远程教育试点。[①] 一些政府部门和企业也开始发展现代远程教育。如卫生部筹建了双卫网,开展全国医疗卫生系统的在职远程教育和培训。一些公司也与高校合作建立了许多网络学院。

截至 2009 年底,中国共有 69 所高等院校可以开展网络教育,已拥有 600 万注册学员,成为世界上网络教育学员最多的国家。[②]

在我国教育资源相对短缺的情况下,网络教育有助于实现教育机会的均等,可以把最优秀的教师的教学通过网络广泛传播,使教育欠发达地区的学生同样可以接受高水平的教育。

同时,网络教育也是构建终身教育体系的一个重要手段,它可以给那些工作忙、难以实现脱产学习的人提供良好的学习条件。

我国网络教育在高速发展的同时,也还存在着一些问题。例如:网络教育发展不平衡,偏远地区和经济欠发达地区教学站点相对较少、技术设备较落后;一些新技术、新设备的使用效率比较低,存在浪费现象;网络教育质量有待进一步提高,等等。[③]

第二节　计算机网络教育的形式和方法

一、实施网络教育时教师应注意的问题

由于网络教育具有自身的特点和优势,并且与传统教学有很大区别,因此对教师也提出了更高要求。

(一)加强教学过程监控

质量是教学的关键。在传统的教学中,教师与学生面对面,教学质量较易把握。而在网络教育中,教师与学生分离,为了保证网络教育的教学质量,就必须加强对教学过程的监控。

教师必须了解学生在学习过程中的需要及存在的问题,并给予切实可行的指导与督促;教师要注意了解学生的兴趣爱好及学习习惯,通过网络指导学生制定符合自身情况的学习计划。

---

① 法克:《中国网络教育发展大事记》,载《北京经济瞭望》,2001(4)。
② 丁新:《中国远程教育:从规范走向创新》,载《现代远距离教育》,2009(6)。
③ 陶天梅:《从教育技术专业期刊分析国内网络教育的发展现状》,载《电脑知识与技术》,2009(5)。

（二）掌握现代教育技术

网络教育不同于传统教育之处，在于它是网络技术、通信技术及多种媒体技术的综合运用，而且网络教育技术发展快、科技含量高，这就要求教师不断学习和提高，特别要注意掌握计算机软、硬件知识和网络知识，还应该掌握适合于网络教育的教学课件的制作方法。这样才能正确地在网络教育环境下指导学生。

二、网络教育方法

（一）教学内容的组织

网络教学中常常使用超文本结构，它实际上是一种由节点和链构成的信息网络。其中节点是存储教学内容的模块，每个节点表达一个特定的主题。节点中包含的教学内容，包括数字、文本、图形、图像、声音、视频等。链是不同节点间的联系，通过链，可以从某个节点到达其他节点。

（二）网络教育的教学方式

1. 一般采用导航方式

学生的学习过程实际上是在教育内容中不断地"走动"，为了保证学习的效率，一般对学生的学习采用导航方式加以引导。

导航有四种形式：目录树导航、模块导航、热键导航和超链接导航。

目录树导航是按教学内容和逻辑结构一级一级地展开目录。模块导航是指由一些标志性短语建立的链接，如"讨论区"、"自测园地"等，每个短语连接一个子模块，学生点击这些短语时，就可以进入相应的模块。热键导航是指在页面上方或末尾设置热键，如"上页"、"下页"、"首页"等。超链接导航是在需要的地方设置有关的链接，由文字颜色或光标的变化显示。

2. 采用搜索功能

有些课程包含很多的定义和定理，为了帮助学生方便地查找这些概念、定理，在课件中往往设计搜索功能，比如根据关键字进行检索等等。

（三）网络教育的教学模式

网络教育的教学模式有如下几种：

1. 启发式教学模式

启发式教学模式可以体现在网络课件中。教师在教学中为了引出某一概念（定理或知识点），可以首先提出一些相关性的问题供学生思考，然后再给出定理。也可以设计几道题由学生解答，然后自动给出批改结果，并说明这些题中出现的问题，最后介绍概念和定理。选择题的设计思想与此类似，对于答错的题并非马上给出答案，而是显示一个提示点，要求学生在提示点下重新做题，这样能够启发学生独立思考问题，培养学生分析问题、解决问题的能力。

2. 参与式教学模式①

参与式教学是引导学生积极参与的一种教学模式。其基本教学理念是强调教师、

---

① 潘炳超：《参与式网络教学模式研究》，载《软件导刊》，2009(6)。

学生平等地参与整个教学过程,包括在确定教学内容和教学方式的选择等各个环节上都倡导民主教学,切实提高学生的参与意识与参与度。在关注学生学习效果的同时,更重视教与学的过程,兼顾知识的传递、学生综合能力和素质的提升。这种模式可以培养学生的参与意识、动手能力和思维能力,并能激发学生的学习兴趣。

可以使用各种方式引导学生参与,如在讲解化学产品各种原料的配比与性能指标之间的关系时,要求学生输入一定的配比,由系统自动计算出这种化学产品各项指标的优劣,学生通过系统可以了解到自己配制的产品在哪些方面不符合要求,从而对正确的配制比例产生深刻的印象。

3. 协作式教学模式

协作式教学中既有人机交互,也有人人交互。为了便于学生之间或学生与教师之间交流学习经验,互帮互助,网络课件中都要设计诸如"讨论区"或"在线答疑"等功能模块来满足协作学习的需要。

网络教育中有两种交互方式:一种是非实时交互。网络课件为每一个学生和教师建立一个电子信箱,如果学生有疑难问题,可以随时点击诸如"答疑信箱"等功能按钮,立即切换到 E-mail 撰写界面,学生完成后发送邮件。教师收到邮件可分别回信解答。另一种是实时交互。一般开发为 BBS 方式或者即时通信软件方式,所有在线学生可以通过该界面参加讨论,提出问题或回答问题。

网络教育中的交互还有一个重要特点,即学生们可以匿名讨论,这样就消除了某些学生的心理压力。

4. WebQuest 网络教学模式①

WebQuest 是美国圣地亚哥州立大学的伯尼·道奇和汤姆·马奇等人提出的一种新型网络教学模式。WebQuest 网络教学模式是在网络环境下,以探究为取向,由教师引导,以一定的目标任务驱动学生对某个问题进行探索的学习活动。

WebQuest 网络教学模式把发现式学习、协作学习有机结合起来,利用情境、协作、会话等方式,在教师的指导和帮助下,充分发挥学生的积极性、主动性和创新精神,使用丰富的网络资源,在自主探索和互动协作的学习过程中完成学习任务。

WebQuest 由问题与情境、目标与任务、资源与过程、评价与结论等模块组成。

(1) 问题与情境模块:根据学习目标、课程目标以及学生已有的知识创设丰富的教学情境,提出并描述具有研究价值的问题。

(2) 目标与任务模块:对情境与问题模块中提出的问题进行分析,明确要达到的目标以及要完成的任务。

(3) 资源与过程模块:向学生提供所需的信息资源;设计问题的解决过程;向学生提供相关的探究路径;引导学生根据教师提供的资料和工具进行自主探索。

(4) 评价与结论模块:学生通过自主探究、网上交流、协作探讨,形成对问题的结论,并利用互联网等展示学习成果;对整个探究过程进行评估和反思,形成新知识和新

---

① 章治:《多媒体网络的教学模式》,载《天津市经理学院学报》,2009(5);马玲:《基于建构主义的 WebQuest 网络教学模式研究》,载《中国电力教育》,2009(6)。

观点。

三、网络课件的设计与制作①

在网络教学中,课件的好坏对教学过程起决定作用。因此,课件的制作是很重要的过程。

(一)网络课件结构设计要求

网络课件结构的设计要注重教学目标、教学对象及教学内容分析,要做到利用资源来支持学生学习。因此,网络课件结构的设计需要遵守如下原则:

1. 注意反馈。良好的网络课件,既给学生提供需要学习的知识,又能及时对学生的学习活动作出反馈。

2. 导航便捷。网络教学要避免学生因为学习资源丰富而迷失方向、偏离学习目标。因此,网络课件要具有有效的导航结构。

3. 内容清晰。课件的内容结构要清晰、明确、简单,对关键点要多方位解释,使学生容易学习。

4. 注重创设学习情境。要重视学习情境的作用,注意使用综合媒体的同步显示功能,使学生能够使用多种感官接收学习信息。

(二)课件制作过程

课件是面向教学应用的。它在内容组织、控制策略、交互特性及评价标准等方面应该构成一个完整的教学环境,体现一种模式。CAI课件的制作过程包括:环境分析、教学设计、脚本设计、程序编写、测试和修改、发布和维护等几个阶段。

1. 环境分析

环境分析主要包括教学目标分析、课件使用对象分析和制作成本估算等任务。

教学目标包括教学内容的范围和对学习效果的具体要求。比如学习新的概念或定理、巩固已经学过的知识、培养解决问题的能力等等。

课件使用对象分析主要分析学生的现有知识水平。

成本估算主要是估计制作CAI课件的成本。

2. 教学设计

教学设计的功能在于运用系统的方法设计教学过程,使之成为一种具有操作性的程序。教学设计要遵循教学过程的基本规律,把教学过程各个要素作为一个系统,运用系统分析的方法统筹策划,分析教学问题的需求,确定解决程序的纲要,使教学效果最优化。教学设计在课件制作过程中最能体现教师教学经验和个性,是教学思想最直接和具体的表现。教学设计必须从完成教学任务、实现既定的教学目标出发,首先分析学习需求,重点解决好教学内容的总体安排,教学内容的选择以及相互间的逻辑关系,划分好教学单元中具体知识的安排,教学中的重点、难点的表现方式及相应的教学方法和教学模式,选择安排并运用好各种素材。

分析教学内容主要是确定教学内容的范围,并且进一步分析教学内容中各组成部

---

① 吴琼:《多媒体网络课件的设计方法》,载《电脑学习》,2008(2)。

分之间的联系。然后,再把教学内容按教材段落和时间分成若干课。接下来把每课内容再划分成若干个相对独立的小块,每一个小块就是一个教学单元。划分教学单元要依据教学大纲进行。对于每个教学单元,需要确定教学内容的信息形式、向学生提出的问题,并且估计学生可能给出的回答并且准备好相应的反馈方式。教学设计决定教学过程,优化的教学设计方案使课件结构清晰,合理、充分利用好各种教学资源,可以使教学过程更加完善。

3. 脚本设计

脚本设计也称稿本设计,是指在教学设计基础上所作出的计算机与学生交互过程的详细方案。它是编写计算机程序的依据。

脚本中需要注明计算机屏幕上要显示的界面和页面的样式以及课件的内容(包括文字、图形、动画、图像和影像等)、音响系统的声音,以及这些内容的具体顺序与方式。

在脚本设计中,通常都将屏幕划分成若干个功能区,同一个课件中各种类型的信息都有相对固定的位置,以避免学生花时间在屏幕上寻找相应项目而影响注意力集中。这些功能区一般包括标题区、课文区、图示区、提示与应答区、操作提示区。

4. 程序编写

教学设计及脚本设计都完成后,开始用某种计算机语言或写作工具编写课件程序。这时需要注意的是,为了提高制作效率、缩短制作周期、降低制作成本,应当尽可能地采用专门的课件写作系统软件,例如美国 Macromedia 公司的多媒体制作工具 Authorware 等。该类软件使用简便,适合非计算机专业的教师自行制作 CAI 课件。

若课件的内容比较复杂或者需要制成保密程度较高的商品化软件,则应当采用高级语言编程工具,比如 Visual Basic、Visual Basic. NET、Visual C＋＋、JAVA 等。

5. 测试和修改

所有的前期工作都做好了,网络课件可以说基本完成了,此时需要对完成的课件进行测试,根据测试结果进行修改,然后再进一步测试、修改,直至满意为止。

6. 发布和维护

发布是指将功能相对完善的网络课程放到服务器上,向学习者开放。这一阶段的完成,也是整个网络课程开发的结束。维护是指网络课件的管理以及升级(功能上的扩展、修改和内容的丰富等),这是一个长期而艰苦的工作,需要不断地总结和探索。

附 5

某大学网络教育课件使用说明

1. 课件运行环境

您的电脑硬件至少应该达到如下的配置:

* CPU：Intel Pentium 133 MHz
* 内存：128 M 以上
* 硬盘：4 G
* 光驱：32 X
* 操作系统：2000/XP 或更高
* 浏览器：Internet Explorer 7.0 及以上

* DirectX：DirectX 7.0
* 播放器 Microsoft Media Player 9.0及以上

2. 学习方法

选择课程内容：单击"＋"符号或双击相应的目录选定学习栏目，窗口右部文本区域即显示相应的栏目内容。

教师讲解：单击文本区域上部的"教师讲解"按钮，即开始播放所选章节教师讲解的视、音频文件。

选择讲课方法：点击教师视频图像下边的按钮，即可实现讲课播放、暂停、停止。拖动视频下方的拖动条，可选择该页面的任意点听课，以及选择合适音量。

选择辅导栏目：点击文本区域上部或左侧的栏目"即时练习"、"例题分析"、"课程大纲"等名称，即进入相应的栏目。

阅读课程内容：拖动屏幕右边的文件拖动条，即可连续阅读课程内容。

3. 学习工具

打印：点击屏幕右上角的打印机图标，即可打印您要打印的内容。

向前翻页：点击屏幕右上角的"＜"图标，可以向前翻页。

向后翻页：点击屏幕右上角的"＞"图标，可以向后翻页。

小字典：点击屏幕左边的"小字典"，输入关键字，可以查找相应的重要概念。

笔记本：点击屏幕左边的"笔记本"，输入文字内容，点击保存，便做好了您的学习记录。

学习日历：点击屏幕左上方的"日历"窗口，可添加本门课程的学习计划。

调整窗口：点击屏幕右上角的"＋"图标，可将窗口置为最大化。点击"－"可将窗口最小化。点击"×"图标，可以关闭窗口，退出学习。将光标指针指向窗口边框，指针形状变为双箭头时，按住鼠标左键并拖动，可随意调整窗口大小。

4. 答疑

学习过程中遇到问题，可点击文本区域上方的"常见问题"，查找该门课程的常见疑难问题、上网查询"交流园地"，或通过"教师信箱"、"在线答疑"等方式得到解决。

---

1. 课件的设计

根据多媒体教学模式的特殊性，依据教学大纲的要求，将教学内容分解为背景知识、课文导读、重点词汇、参考译文、练习与答案和应用文写作共六大块。这里以高等教育出版社出版发行的《大学体验英语》第一册作为授课内容。

1.1 课件的结构

课件采用"菜单式"操作模式，网络课件首页顶部是课程导航栏，底部为主

例 16

大学体验英语网络课件制作过程[①]

---

① 选自刘忠平、赖艺：《大学英语网络教学课件的设计》，载《湖北经济学院学报》（人文社会科学版），2008 (2)。此处有改动。

菜单。左侧导航栏为各单元的超链接。左侧下方设置了一个最新通告栏（Latest News），右侧则为内容显示框架，具体见图。

Logo	Banner					
	BOOK 1	BOOK 2	BOOK 3	BOOK 4	学生留言	互动论坛
Unit one	Content					
Unit two						
Unit three						
Unit four						
Unit five						
Unit six						
Unit seven						
Unit eight						
Latest News						
	Navigation					
CopyRight						

网络课件主页布局

1.2　单元菜单

每个单元又分为六大模块，Unit-Menu 简易流程如图所示。

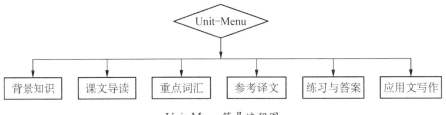

Unit-Menu 简易流程图

"背景知识"模块里设置为授课的导入部分，包含本单元课文的相关背景知识的链接与相关介绍，让学生在学习前对课文内容发生的背景有个大致的了解。"课文导读"模块是对课文内容的总体了解，相关话题的引入和文章结构的划分，并进行语篇分析，此块侧重于段落间与段落内部的衔接与连贯、篇章的布局结构、论述的思维逻辑。不同文章可以设计不同特点的内容。"重点词汇"模块是本课件的一个重点部分。它把所有课文中涉及的词汇都以词组或搭配的组合出现，这种设计既有助于学生完整地掌握词汇用法，也符合组块记忆规律。"参考译文"模块则提供了文章的译文以供学生们进行对比参考。每篇文章都提供一个标准译文，有助于培养学生的语言运用能力。"练习与答案"模块主要是在教材提供的练习基础上，进一步遴选课外相关练习，让学生对本单元中出现的知识有一个更好的理解与把握。在"应用文写作"模块里，教师根据本单元学习的内容和学生掌握的情况，布置相关题目的文章让学生完成，以培养他们更好的实践应用能力。

2. 脚本设计

网络教学要求根据教学内容选择多种媒体资源(文字、图形、动画、声音、视频等),按照教学要求创设真实场景,把教材中的静态文字和图像变为动态的图文声像,并按要求有序地展现,充分调动学生的视听感官,从而优化课堂教学,提高课堂教学的效果。因此,必须合理设计教学方案与流程,建立知识点之间的有机联系,从而形成优化的完整教学系统结构,这就是课件的脚本设计。

课件构成:(1)正如网络课件主页布局图所示,一个页面显示四册教材的所有链接,包括一些基本网站的链接,然后各册教材下面分设一个主页,共四个分页面。各分页面上分别是本册教材所有单元及知识的链接。(2)各页面功能及联系:提纲页面,主屏相当于板书,显示教学内容要点。各分页面上也显示各自的链接内容与知识点,整个课件的链接在任何一个页面上都可以随时点击进入,实现真正的交互与互动。(3)子页面内容:各种媒体资料(包括文字、插图、动画、视频等)以及一些重点问题的分析和学生活动(思考讨论问题、反馈练习题)等。

3. 素材准备

素材是网络课件的重要组成材料,课件的成功与否都与素材有着密切的关系,设计的页面再漂亮,如果没有好的素材也不能称为一个好的网络课件。素材的收集需要依据教学大纲要求,与课文内容相关。在高教版的《大学体验英语》里附有一张与课文内容相关的光盘,我们可以借鉴和利用光盘里面的相关数据。另外,我们可以依靠网络,在网络上寻求与各个单元内容相关的图片和信息。

4. 课件制作

第一步,在硬盘上新建一个名称为"体验英语课件"的文件夹,这个文件夹里面再建立几个子文件夹,分别命名为 video(视频)、images(图像)、audio(声音)、BOOK 1、BOOK 2、BOOK 3 与 BOOK 4,并把各种媒体素材文件根据格式拷贝至相应文件夹中。第二步,启动 Dreamweaver,选择"站点"菜单下的"新建站点",在对话框中指定"本地根文件夹"为刚才建立的"体验英语课件"文件夹。第三步,制作预先设计的课件的各个页面,保存为若干个 HTML(超文本标记语言)文件。先设计好 index. htm(注意其中重点要把握的技术是设置一个框架,用来调用显示文本及多媒体相关内容的子屏网页),放置于"体验英语课件"文件夹中,并在"站点"菜单下"设为首页",作为整个课件的主页,并将之保存为模板,以便后面制作相同页面时调用。然后制作 about. htm,help. htm,都放到"体验英语课件"文件夹中。第四步,然后制作各册教材里面的内容。比如 BOOK 1 下面,分别建立这些文件夹:Unit one、Unit two、Unit three……Unit eight。然后利用刚才主页保存的模板建立 BOOK 1 的分主页 index_1. htm。最后在 Unit one 文件夹里建立这些显示详细内容的子页面:bjzs. htm(背景知识),kwdd. htm(课文导读),zdch. htm(重点词汇),ckyw. htm(参考译文),lxyda. htm(练习与答案),yywxz. htm(应用文写作)。后面各单元里面的文件基本相同,所以这时可以把 Unit one 中的所建文件复制过去,只需在第四步输入不同内容就行。那么 BOOK 2、BOOK 3、BOOK 4 依同样的道理,可以先把 BOOK 1 中的文件先全部复制过去,再输入不同的内容与插入不同的图片链接就可以了。第五步,根据图示,分别为各单元利用模板建立相关页面,录入需要的文本,插入相应的不同图片、动画等。在需要跳转的位置添加按钮、文字或图片,并设置超级链接,从而实现整个课件的交互操作。第六步,进行视频剪辑的插入和背景音乐的设置。第七步,输入各页面的"帮助"系统内容,并在页面适当位置放置调用标志。制作完成后,可对整个课件进行试运行,并对照脚本设计进行必要的调整和修改,经调试无误后即可传到网络中投入课堂教学使用。在使用过程中,应根据出现的问题不断调整完善。

思考题

1. 校园网络在学校各方面工作中起着重要作用,请列举出校园网络的功能主要表现在哪些方面,并对其作出简要论述。

2. 网络教育的教学模式有哪几种? 请简要阐述。

参考文献

1. 刘金平等主编:《计算机文化基础》,化学工业出版社 2008 年版。

2. 王芳:《浅议网络教育》,《甘肃政法学院学报》,2002,(5)。

3. 法克:《中国网络教育发展大事记》,《经济日报》,2001(20)。

4. 丁新:《中国远程教育:从规范走向创新》,《现代远距离教育》,2009(6)。

5. 陶天梅:《从教育技术专业期刊分析国内网络教育的发展现状》,《电脑知识与技术》,2009(5)。

6. 潘炳超:《参与式网络教学模式研究》,《软件导刊(教育技术)》,2009,(6)。

7. 章治:《多媒体网络的教学模式》,《天津市经理学院学报》,2009,(5)。

8. 马玲:《基于建构主义的 WebQuest 网络教学模式研究》,《中国电力教育》,2009,(6)。

9. 吴琼:《多媒体网络课件的设计方法》,《电脑学习》,2008(2)。

10. 刘忠平,赖艺:《大学英语网络教学课件的设计》,《湖北经济学院学报(人文社会科学版)》,2008,5(2)。

　　高等教育方法研究属于教育科研,在探索教育创新、提高高等教育培养质量方面具有重要作用。本章主要论述了高等教育方法在研究过程中需要注意的问题,以及改进高等教育方法的目的,并介绍了如何通过实验对高等教育方法的效果进行科学的统计分析。

第一节　研究高等教育方法应注意的几个问题

一、要多方面思维

研究高等教育方法时,要放开思维而不要限制思维,特别是要坚持辩证思维。要充分认识到,对于某一种教育问题,解决的办法往往是多方面的。因此,在进行高等教育方法研究的时候,要注意不要把自己所熟悉的方法夸大成唯一的方法,也不要因为自己的方法比较成功而放弃对其他方法的探讨。

实际上,对于某种教育问题,往往在研究多种方法的过程中,人们才能得到比较全面的认识。有时,只有同时采用多种方法,才能比较好地解决问题。

二、要善于利用理论工具

高等教育是针对大学生的。大学生的身心相对比较成熟,对事物有较高的判断能力。因此,高等教育方法也需要有一定的理论深度。在这方面,要特别注意的是,高等教育方法的研究不能局限于层次很低的直觉经验范围,要讲究研究的深刻性。

每一位大学教师都有自己的教育工作经验,这种经验是十分宝贵的。但是,经验如果没有理论的指导,就会长期停留于较低的层次上,就会导致教师难以深入地理解教育规律,对教育经验的总结也难以脱离直接经验的限制,从而影响进一步的提高。

因此,教师要注意自己的理论修养,特别是一些与高等教育方法有着相对密切关系的理论,比如哲学、心理学等等,更要注意平时多学习。一个人的修养有多高,他的研究水平就有多高。作为教师,要牢记这一点。

三、要注意条件和可重复性

由于高等教育方法的实施对象是心理和身体都相对成熟、个性各异的大学生,所以影响高等教育方法效果的因素是相当多的。对于某种教育方法来说,可能在某种条件下效果很好,而在另一些情况下很可能效果为零。因此,我们总结和提出某种高等教育方法时,要注意对其应用条件的说明,以便他人能够判断在何种条件下使用这一方法。

高等教育方法的价值在于它具有一定的可重复性,即在所规定的条件下,同样的高等教育方法能够再次使用。否则,就没有推广的价值。因此,教师在提高某种可以推广的高等教育方法时,一定要慎重,注意是否可以被其他人、其他学校在相似的条件下使用。如果难以重复使用,则说明我们对这种教育方法所要求的条件还没有掌握,还要进一步进行研究。

四、要注意心理因素

由于高等教育方法的实施对象是人,所以即使其他因素不变,大学生的心理因素也会对教育方法的效果产生一定的影响。比如,一种新的教育方法如果长期使用,大学生往往会感到没有新鲜感,因此会使效果受到影响。所以,高等教育方法要讲究常变常新。这一点显然是高等教育方法与一般工程技术方法的重大差别。

第二节　改进高等教育方法的几个目的

教师研究高等教育方法、改进高等教育方法,是有一定目的的,即教师是为了提高某个方面的效果而研究高等教育方法的。

一般来说,主要有如下几个常见的目的:

一、提高教育的效率

教育效率有两个方面。一是学习效率,指学生的学习效果(比如学习量、学习质量、掌握学习内容的深度)与学习这些内容所花费的时间、精力、经济成本的比值。二是教师的工作效率,即一定的讲授效果(比如讲授的内容的量、讲授的质量等)与讲授这些内容所花费的时间、精力、经济成本的比值。

对于一个人来说,接受教育要占人生中的相当长的一段时间,因此,如果能够提升教育效果,则对于社会、对于个人都有很大的贡献。因此,设法提高教育效率,也就成为研究高等教育方法的主要目的之一。

二、保证教育公平

高等学校内部的教育公平表现在为每一个学生提供充分的平等的发展机会上。从伦理角度来说,人们只能接受由于学生自身的原因导致的发展差异,而不能接受由于学校和教师的原因而导致的学生发展的差异。实际上,由于各种原因,教育公平方面总会存在一定的问题,现实中能够做到的往往只是"相对公平"。但另一方面,人们对绝对公平又总是有着不懈的追求,总是试图进一步改善教育公平。因此,改进教育方法,提高教育公平的程度,就成为教师改进高等教育方法的目的之一。

三、促进学生素质全面提高

从目前的高等教育方法来看,帮助学生加强记忆和理解的方法比较多,但能够有效地培养创造能力、培养心理素质、培养社会能力,甚至培养品德的方法都比较少。因此,许多教师开展研究,就是为了在这些方面探索比较好的教育方法。

四、改善学生的学习感受

人生中相当长的时间要在学校中度过,大学生活也是人的整个学习生活的一部分。而且,大学生所处的人生阶段也是人生中最美好的时期之一。但是,从另一方面来看,大学生活又是非常紧张的,高难度的学习、大量的考试等往往会给大学生以很大的压力。显然,这些情况在一定程度上降低了大学生的生活质量。

为此,许多教师研究高等教育方法,目的就是为了改善大学生的学习感受,比如设法使学生能够在愉快的情绪中接受教育、提高学生的参与程度以改变学生的被动性等。

第三节　教育方法实验设计与效果分析

当教师根据某一种教育理论或者心理学理论设计出一种新的高等教育方法,或者在教学的实际工作中感觉到某一种教育方法的效果比较好,为了证实新方法的效果的确比老方法好,有推广价值,就要对新方法进行实验,让实验结果来说明效果。

一、实验设计

在进行实验之前,首先需要进行实验设计,即需要选择实验组和对照组、确定实验因素及改变这些因素的操作方法。

1. 选择实验组和对照组

实验组指参加实验的群体,而对照组指没有参加实验但在实验结束后用来与实验组相对比的群体。对照组的作用是为确定实验效果提供参照系。

在实验之前,首先要选择实验组和对照组。为了准确地比较实验效果,要求实验组与对照组出自同一个总体,即不允许在所实验的因素方面,实验组和对照组本来就不同。正是由于在所实验的因素方面,实验组与对照组在实验之前是相同的,所以如果实验后实验组与对照组在所实验的因素方面出现差异,人们才能断定所实验的新教育方法是有效果的。

为了保证实验组与对照组出自同一个总体,人们一般用随机抽样的方法来确定实验组和对照组。比如,在以班组为单位进行实验的情况下,就用一定的随机抽样方法确定哪个班组为实验组,哪个班组为对照组,而不是人为指定实验组与对照组。这样,就可以保证所有单位被抽中的机会是均等的。

常用的随机抽样方法有如下三种:

(1)纯随机抽样。对总体中的所有单位先编号,然后选择一个随机数表(这种表在一般的统计学教材中都有)或者按其他产生随机数的规则(比如投硬币看正反面或者电脑产生随机数),抽取与随机数相对应的单位作为实验组或者对照组。

(2)等距抽样。先将总体内的所有个体按某一标志排序,然后间隔相等距离抽取样本。比如,假设有12个班级,按班级号码作为排序标志,如果需要选择3个班级作为实验组,另9个班级作为对照组,可以选取第1、5、9班为实验组,其余班级为对照组。

(3)类型抽样。先将总体中的所有单位按某一标准划分成不同的类型,然后再从每一类型中采取纯随机抽样或等距抽样的方法抽取样本。这一方法的特点是能够保证各种类型的单位都能抽取到。比如,在综合性大学中先把所有的班级分成文科和理科两大类,然后再用纯随机抽样或等距抽样的方法分别在文科类与理科类的班级中抽取同样数量的班级作为实验组或者对照组。

2. 确定实验因素

所谓实验因素,即在实验中需要改变的因素。实验者可以观察改变这些因素对教育效果的影响,从而确定这些因素的最优水平。比如,讲授的重复程度可以是一个实验因素,重复次数就是这个因素的水平,我们可以通过实验,确定教育效果最佳的重复次数,即最佳水平。

如果在实验中只改变一个因素,则这样的实验是单因素实验;如果需要同时改变多个因素,则为多因素实验。

一些与实验研究无关的,但能影响研究结果的因素称为无关因素。对于这一类因素在实验中要注意控制,尽量使其不影响实验的结果。比如,在实验教师讲授内容的重复程度对学习效果产生影响时,学生的知识基础也会对学习效果产生影响。但我们的目的只是考察讲授的重复程度对学习效果的影响而不是考察学生的知识基础对学习效果的影响,因此,我们要设法使实验组中的学生的知识基础与对照组中的学生的知识基础尽量相同,使学习效果的差异仅仅是由讲授的重复次数造成的,而不是由学生知识基础方面的差异造成的。

在科学合理地安排实验方面有专门的数学方法,即实验设计方法。读者如果想要科学地安排实验,可以参考这方面的教材。

二、实验效果分析

在实验效果分析方面,有两个问题需要注意,即实验效果分析的科学性和实验效果分析的直观性。

1. 实验效果分析的科学性

实验效果分析的科学性直接关系到在学术界的被认可程度。如果科学性强,比如在较好的学术刊物上发表等,则教育方法实验的结果容易得到学术界的承认。

实验效果分析主要是对实验结果进行测量并将实验组的结果与对照组的结果进行对比。这种测量和对比,如果要有说服力的话,不是简单地比较实验组数据的平均数与对照组数据的平均数。因为两者即使有差异,也可能是一些偶然因素造成的,并不能说明实验组一定取得了效果。真正有说服力的效果分析是利用科学的数理统计方法进行的,这种方法可以在给出一定的正确概率的前提下得出两者是否有差异的结论。

为了提高实验效果分析的科学性,读者在进行高等教育方法实验之前,应当首先学习数理统计方面的知识。

2. 实验效果分析的直观性

实验效果分析的直观性关系到教育方法实验的效果被大众或者领导接受的程度。如果直观性强,则更容易产生社会影响,引起重视,从而有利于新成果的推广。

为了提高实验效果分析的直观性,首先要尽量采用通俗的语言描述实验结果,要让广大教师和领导方便地理解实验的进展。

其次,要注意使用数据统计表和统计图的形式加以直观地表述。常用的统计图有条形图、圆形图（饼图）、直方图、曲线图、散点图等，下面是直方图与圆形图的例子。

例 17

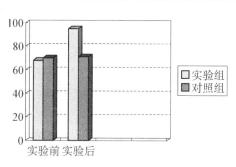

统计图直观表示

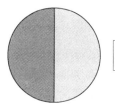

附 6

如果进行了教学方法实验，对实验结果数据进行收集后，还需要分析这些数据以研究其意义和效果。如果要强调实验结果分析的科学性，则一般需要运用统计学方法，即用统计概念来说明实验对象的情况和特征。下面给出对实验结果的数据处理的一些常用概念和相应的计算方法。

教学方法实验结果的统计分析

1. 集中量数

集中量数是以一个确切的数量来表现数据的集中趋势和一般水平。常用的集中量数有如下几种。

（1）算术平均数（M）：将变量数列中的各个变量相加，再除以变量个数。算术平均数较稳定可靠，能代表总体的典型水平。算术平均数的算法如下：

$$\overline{x} = \frac{x_1 + x_2 + x_3 + \cdots + x_n}{n}$$

其中 n 代表变量个数.

（2）中数，即中位数（Md）：指将某变量数据集合中所有变量值有序排列后，位于中间位置上的变量值。若数据个数为奇数，则取位于中心位置上的变量值；若数据个数为偶数，则取中间相邻两点位置上的变量值的算术平均数。

（3）众数（Mo）：指在变量数据集合中发生次数最多的那个数据。

（4）几何平均数（Mg）：指变量数据连乘积，再开变量值个数次方所得的正根，其算法如下：

$$Mg = \sqrt[n]{x_1 x_2 x_3 \cdots x_n}$$

（5）调和平均数（Mh）：变量倒数的算术平均数的倒数，算法如下：

$$Mh = \frac{n}{\frac{1}{x_1} + \frac{1}{x_2} + \cdots + \frac{1}{x_n}}$$

2. 差异量数

差异量数用来表示数据集合中的各数据之间的差异程度。常用的差异量数有如下几种：

（1）全距：也称极差，指变量数据集合中最大值与最小值之差，这一量数能概括出变量数据之间的差异的最大幅度。

（2）平均差（AD）：指各个离差的平均数。离差是一个数与平均数的差，只取绝对值。平均差的算法如下：

$$AD = \frac{\sum |x_i - \overline{x}|}{n} \quad 其中\ i = 1,2,3\cdots n$$

（3）标准差（SD）：是各变量与其平均数的离差平方和的平均数的平方根。标准差有总体的标准差与样本的标准差两种。

总体标准差 σ 的算法为：

$$\sigma = \sqrt{\frac{\sum (x - \overline{x})^2}{N}}$$

样本标准差 s 的算法为：

$$s = \sqrt{\frac{\sum (x - \overline{x})^2}{n - 1}}$$

标准差的数值与平均数的代表性成反比。标准差越大，平均数的代表性越小；反之，标准差越小，平均数的代表性越大。因此，人们常常把标准差和平均数相结合使用。

（4）方差（σ^2 和 s^2）：也称均方差或变异数，是标准差的平方。

附 7

科学地安排实验因素的方法

在进行教学方法实验的过程中，为了保证实验结果的准确性和可靠性，必须科学地安排实验因素。

实验因素是指在实验中准备考察的刺激变量，也称实验因子，每一因子还可取多个等级或状态，即因子的水平。一些与实验的考查目的无关但能影响研究结果的因素称为无关因素。科学地安排实验因素，实际上就是设法突出实验因素对实验结果的影响，减少无关因素对实验结果的影响的方法。

根据教学方法实验所考查的因素的数量，可以将教学实验分为单因素实验、双因素实验和多因素实验。

这里以举例的方式介绍一下两水平的单因素实验的安排方法。读者如果对多因素、多水平实验的安排方法感兴趣，可以看一些实验方法与设计方面的教材。

单因素两水平实验的安排方法有如下几种：

1. 单组法，即只考查一组实验对象(S)，在实验前先对其进行一次测验得前测(IT_1)，然后把水平(A_1)施于S，得后测(FT_1)，得效果即进退数(C_1)；相隔一段时间后将水平(A_2)施于S，得后测(FT_2)，得进退数(C_2)，即：

$$C_1 = FT_1 - IT_1$$
$$C_2 = FT_2 - IT_1$$

实验结果：$D = C_1 - C_2$

如果$D > 0$则第一水平的效果更好；$D = 0$则效果无差异；$D < 0$则第二水平的效果更好。

2. 等组法。选取除实验因子或水平外的各方面的条件相同的两组实验对象，一组作为实验组(S_1)，另一组作为对照组(S_2)。实验前，先测试两个组，得出各自的前测(IT_1 和 IT_2)，然后将实验因素的两个水平(A_1 和 A_2)分别施于两个组，实验结束时，对两个组同时进行测验，得出各自的后测(FT_1)和(FT_2)，并由此计算实验因素的两水平在各组所产生的进退数(C_1 和 C_2)，然后再算出D，进而判断实验结果。即：

对S_1施加水平A_1，得$C_1 = FT_1 - IT_1$

对S_2施加水平A_2，得$C_2 = FT_2 - IT_2$

$$D = C_1 - C_2$$

利用D来判断实验结果的方法与单组法是相同的。在采用等组法时，要注意所选取的两个组的无关因素要相等，这样才能真正考查出实验因素的不同水平对实验效果的影响。

3. 轮组法。如果无法使各组的无关因素相同，就只有用轮组法来进行实验。

轮组法的特点是把实验分为两个阶段。首先，选取两组实验对象S_1和S_2，然后进行第一阶段的实验，操作方法与上述等组法是一样的，接着进行第二阶段实验，这时要把在第一阶段施于两个组的因素水平A_1和A_2对调，按等组法再重复一遍。最后，考查每个水平在两组内所产生的变化的总和，以此来观察实验结果。

第一阶段：

对S_1施加水平A_1，得$C_{11} = FT_{11} - IT_{11}$

对S_2施加水平A_2，得$C_{22} = FT_{22} - IT_{22}$

第二阶段：

对S_1施加水平A_2，得$C_{12} = FT_{12} - IT_{12}$

对S_2施加水平A_1，得$C_{21} = FT_{21} - IT_{21}$

因素水平A_1所产生的进退数为：$C_1 = C_{11} + C_{21}$

因素水平A_2所产生的进退数为：$C_2 = C_{12} + C_{22}$

然后，求出D：

$$D = C_1 - C_2$$

再根据D的值来判断哪个水平为最优水平。

采用轮组法时，无关因素对实验结果的影响很小，从而提高了实验结果的准确性。但是，如果实验因素的两个水平之间存在着较大的互相影响，比如对于同样一组实验对象来说，如果用过一个因素水平，会对另一个实验水平的效果有较大影响，那么，此法就不能用了。

第四节　大学教学改革实验案例

一、案例一　大学外语测试改革实验[①]

(一)研究背景

根据教育学原理,学生的学业水平的评估分为过程性评估和终结性评估。

过程性评估是指学校通过课堂活动和课外活动记录、网上自学记录、学习档案记录、访谈和座谈等形式,对学生学习过程进行观察、评估和监督,促进学生有效的学习。

终结性评估是指期末课程考试和能力水平考试。

对于外语教学来说,传统的学生学业评估方法主要是采用终结性评估,即学习结束后的一次性考试。这种方法的主要问题是内容容量不足,对学习者学习语言的程度反映不全面,容易造成应试教育重分数轻能力的弊端。

该校从2003年起就进行了外语能力综合性全程考试模式的改革与实践,使外语能力评定与考核机制都相应注重提高学习者使用外语的综合能力,即"听说读写译"五项基本技能。评价项目成果的标准是通过对考试机制的改革,全面反映出学习者掌握外语的综合能力,促进学习者提高使用外语的能力。即在思维能力、语言运用技能和语言态度等方面有所提高。对外语能力综合性全程考试模式的改革与实践,既是测试学习者外语语言使用能力的过程,又是通过评估过程促进学习者提高使用外语的综合能力的过程。目前外语考试多为标准化考试,很难准确地反映出外语语言作为一种动态的现象在时刻发生的变化。实验通过对外语能力综合性全程考试模式的改革与实践,采用开放性的综合性全程考试模式,注重学习过程,调动学习者的学习积极性,从而科学地反映学习者在"听说读写译"五项基本技能上的水平。

(二)教学实验

1. 实验班与对照班的选择

该校的大学英语课程在一、二年级开设,2004级(大二)和2005级(大一)。为了便于实验的开展,实验教师以自己担负授课任务的2005级部分班级作为实验对象进行教学实验。实验班:资源与环境专业英语2005级1班,班级人数18人(以下简称实验班);对照班:机械制造专业英语2005级1班,班级人数17人(以下简称对照班)。为了确保两组对象来自同一总体样本,实验教师对两组学生进行了入学英语摸底考试,并对摸底成绩进行了对比分析。(见表2)通过对比分析,验证了实验前两组学生同属一个总体样本。

[①]　选自李冬梅、张丽娟、于长春:《大学外语测试改革教学实验》,载《长春金融高等专科学校学报》,2008(1)。此处有少量改动。

班级	人数	60分以下	60~79分	80~89分	90分以上	最高分	最低分	平均分
实验班	18	4人	10人	3人	1人	91	38	61.2
对照班	17	3人	9人	4人	1人	90	40	60.5

表2

实验班与对照班入学英语摸底考试成绩对照表

2. 实验阶段

实验从2005年9月至2007年1月,共经历了三个阶段。实验准备阶段为2005年9月至2006年1月;实验探索阶段为2006年3月至2006年7月;巩固结果阶段为2006年9月至2007年1月。

3. 实验各阶段目的

实验准备阶段目的:革新大学外语教学传统的一次性、终结性评估模式,建立一个外语能力综合性全程考试模式,为顺利实施从过程性评估到终结性评估指导下的教学实验创造条件。

实验探索阶段目的:巩固准备阶段取得的成果,在教学中初步实施从过程性评估到终结性评估的教学策略,边实验边整改,验证综合性全程考试改革指导大学英语教学的可行性及指导效果。

巩固结果阶段目的:巩固实验探索阶段取得的成果,克服实验范围小的弊端,进一步验证在大学英语教学中实施过程性评估加终结性评估教学策略的科学性和有效性,分析产生实验效果的原因,为阶段性成果的确立及推广夯实基础,构建大学外语考试评估新模式,消除长期存在的以一次性、终结性考试模式取代综合性全程考试模式的现象。

4. 实验基本过程

实验班采取过程性评估与终结性评估相结合的评估方式,对照班则采用现行的教学评估,主要注重的是终结性评估(如期末考试、平时小测验等)。(见表3)

	过程型评估	终结性评估
目的	调整促进教学进展	评判教学效果
时间	教学过程中	教学结束后
发生环境	与教学过程中的各环节密切相关	与教学过程基本脱离
侧重点	教学过程	教学效果/结果
参与者	评估人员和教学参与者	评估人员
结果公布形式	文字评论,私人交谈	考试结果、分数或等级
结果公布手段	匿名或非正式	公开、正式
影响	诊断性的,基本上是积极的作用	判断性的,有时有负面作用

表3

我院大学英语过程性评估与终结性评估对照表

具体操作方法：

（1）建立学习档案。在入学初，让学生自己建立成长记录袋，成长记录袋是指收集和记录学生自己、教师或同伴作出评价的有关材料，学生的作品、反思报告和其他的相关证据与材料等，以此来评估学生学习和进步的情况。这个档案袋中可有学生个人信息卡、英语学习计划、课前演说稿、课外读书笔记、作文、听写材料和成绩、平时小测验、错题集和反思集等。

教师每个月指导学生对学习档案进行评估（优、良、中、差），让学生随时翻阅，不断反思自己的学习历程，以便全面了解自己的学习过程，更深刻地感受到自己的成长和进步。

（2）课堂评估。在课堂上轮流让学生做值日报告，根据值日生的水平，采用师生问答、看图说话、对话表演、讲故事、复述课文等教学活动，要求学生语音语调基本正确。评估方法：老师当场评价值日生的各方面表现，做好记录，每学期评定两次，按学生层次，口语分三种题型：机械型（朗读课文、回答老师简单问题等）、练习型（提供图片话题、扮演角色进行口语表达等）、交际型（提供情景，学生之间承担角色进行表演），并将口语成绩按10％比例记入期末总成绩。课堂是学生学习的主要场所，也是实施过程性评估的主阵地，学生参与课堂活动的程度与质量在很大程度上决定着学生的学习成效。课堂教学过程应贯穿学生的自我评价、相互评价、教师评价，体现以学生发展为本的思想。不仅要运用测验、听写等测试性评估，还要大量运用非测试性评估，如课堂观察、提问、抢答、小组讨论和辩论等。学生针对自己的学习情况进行反思，制定一个新的学习计划。教师针对自己的教学进行反思，改进自己的教学计划。

（3）课外评估。对学生的晨练、晚自习、英语角活动、收听收看英文节目、阅读英语杂志、参与学校组织的英语比赛、与外教交流等课外的表现行为进行记录，促使学生积极参加课外活动，丰富学生的课余生活，充分利用课余时间进行辅助性学习。定期布置网络学习任务，引导学生使用网络进行自主性学习，通过网上查找资料，可以大大地开阔学生的眼界，丰富学生的知识含量。利用网络看英文电影，可极大地开拓学生视觉和听觉的时空，有利于学生了解外国文化风俗，更有利于英语听说能力的提高。学生从网络中多角度地接受信息，可以扩大知识面，增加学习兴趣，培养独立思维能力，充分体现自主性学习的特点。

（4）书面水平评估。遵循新课程要求的基本原则，以教材规定的知识与技能目标为基准，书面测试要避免偏题、难题和死记硬背的题目，如果学生对自己某次考试的结果不满意，教师可以就学生改正原卷中的错误情况给予第二次评价，给出鼓励性的评语，为不同学生的发展创造条件。特别是后进生，这种评价能让他们看到自己的进步，获得成功的喜悦，从而激发新的学习动力。

（5）过程性评估与终结性评估相结合。按百分制，采用终结性评估（考试分数）的形式，考查学生掌握英语的情况，内容包括：听力（20％）和笔试（70％）两部分。根据学生的考试分数，最后采用"口试（10％）＋分数（终结性）＋等级（过程性）＋描述性语言"，对学生进行全面素质评估，体现学生的进步，特别是学习能力的提高。

5. 实验阶段成果

经过三个阶段，到 2007 年 7 月，教学实验全部结束。实验阶段成果见对照表 4、5、6。

班级	人数	实验第一阶段	实验第二阶段	实验第三阶段
		最高分/最低分/平均分	最高分/最低分/平均分	最高分/最低分/平均分
实验班	18	85/43/65.8	93/42/70.4	98/62/85.6
对照版	17	83/45/60.7	82/55/60.5	90/54/63.3

表 4

实验班与对照班每个阶段英语测试成绩对照表

班级	人数	实验第一阶段 不及格率/及格率/良好率/优秀率	实验第二阶段 不及格率/及格率/良好率/优秀率	实验第三阶段 不及格率/及格率/良好率/优秀率	备 注
实验班	18	11.1%/83.4%/5.5%/0	16.7%/55.6%/27.7%/0	0/27.8%/50%/22.2%	60 分以下为不及格；60～84 分拟为及格；85～94 分拟为良好；95～100 分拟为优秀
对照班	17	29.4%/70.6%/0/0	17.6%/82.4%/0/0	5.9%/64.7%/29.4%/0	

表 5

实验班与对照班各阶段不及格率、及格率、良好率、优秀率对照表

班级	人数	60分以下	60分以上	80分以上	90分以上	最低分	最高分	平均分	备 注
实验班	18	1 人	17 人	15 人	12 人	38.58	98.5	81.5	60 分以上拟为学习态度端正、兴趣浓、应用能力较强
对照班	17	13 人	4 人	1 人	无	26.5	80.5	45.5	

表 6

实验班与对照班调查问卷得分对照表

由表 4 的分数对照表明：实验班的英语成绩明显上升，平均分提高 19.8 分，最高分提高 13 分，出现了 98 分的高分，最低分也增加了 19 分。对照班的英语成绩变化不显著，平均分仅提高 2.6 分，最高分仅提高 7 分，最低分仅提高 9 分。这说明该评估教学实验对提高大学英语成绩的效果非常明显。

由表 5 的分数对照表明：在不及格率上，实验班最终消除了不及格现象；在及格率、良好率上，实验班及格分数段的人数呈阶段性减少，良好率不断增加，对照班及格分数段的人数先增、后减，良好率增加缓慢；在优秀率上，实验班 18 人中最终有 4 人达到优秀，对照班优秀率始终为零。这说明该评估教学实验在提高大学英语成绩方面已经取得了明显的效果。

表 6 实验班与对照班"大学英语课学习兴趣、态度、实际运用能力调查问卷"得分对照表的评分说明是这样的：调查问卷共有 25 题，每题均有 A、B、C 三个选项，选 A 得 4 分，选 B 得 2.5 分，选 C 得 1 分，满分为 100 分。由表 6 的分数对比说明：实验班同学问卷分数 60 分以下的仅有一人，且出现了 98.5 分的高分。这说明，通过实验端

正了学生的学习态度,实验班学生对大学英语课有了一个新的认识,英语学习兴趣明显提高,实际应用能力明显增强。对照班仍沿袭传统的教学评估模式,班级同学的分数绝大多数处于60分以下,这表明学生的学习态度还不够端正,学习兴趣较差,基本不具备实际应用能力。利用综合性全程考试模式指导大学英语教学的实验,在端正学生对待外语课的学习态度、增强其对外语学习的兴趣和实际运用能力方面,效果是比较明显的。

表7的过级人数对比表明:通过三个阶段的教学实验,实验班大部分同学都具备了较强的英语综合运用能力。从2007年3月起,对学习者进行从过程性评估到终结性评估的综合性全程考试教学模式已在该校大学英语教学中全面铺开。当然由于经验有限,实验存在一些不足之处。如:实验的范围有待于拓宽;教学实验时间长,记录采样有时不及时;教学策略的研究不够深入;推广性研究不足。这些问题将在今后的教学实践中逐渐解决。

	班级	人数	大学英语四级一次通过率
表7 实验班与对照班 2007年6月份大学 英语四级一次 通过率对照表	实验班	18	63%
	对照班	17	35%

6. 实验启示

启示一:多媒体、网络为学生营造了良好的学习氛围,强化了学生的学习动机。

启示二:学习小组的协作、会话激发了学生的学习兴趣。

启示三:对教师提出了更高的要求,教学中师生角色的转变发挥了学生的主体意识。

启示四:有助于培养学生的交际能力,培养学生的情感因素。

启示五:有助于丰富学生的知识体系,增强学生对英语知识的综合运用能力。

(三)教学建议

结合教学实验的启示,本实验提出如下几点建议:

建议一:正确处理好教学与评估的关系。在进行过程性评估时要注重评估的实际效果,避免由于过多的评估而影响教学时间,要防止为评估而评估的教学。

建议二:结合教学内容,灵活设计评估活动。过程性评估的内容要与教学内容保持一致,应考虑学生实际水平,内容要贴近学生生活,密切结合课堂教学,评估活动应该根据学生语言发展的真实情况和真实情感进行设计,而且应当富有个性化和创造性。

建议三:整体规划,贵在坚持。一般来说,对学生学习过程的评估和描述要比对学生学习结果的评估花费的时间和精力多而且难度大。过程性评估有较大的自主性和灵活性,这就需要教师有恒心、毅力与整体计划,否则评估就会流于形式,甚至流产。

建议四:由于过程性评估注重了人的个性发展,所以小班化的教学形式更适应于评估的发展,学生与学生之间以及教师与学生之间将会有更多的合作与交流的时间和空间。

二、案例二　课堂演示型 CAI 课件的教学效果实验[①]

CAI(计算机辅助教学)已经引起了教育界的重视。但是,相比于传统的教学方法,这种现代的教育技术在效果上到底有多大的提高? 为了回答这个问题,我们设计了课堂演示型 CAI 课件教学与传统常规课堂教学的比较实验,目的是通过采用教育统计测量的方法得出课堂演示型 CAI 课件教学与传统课堂教学的差别。

1. 实验设计

(1) 实验班级:某大学中文系 96 级。

(2) 实验编组:采用分层随机抽样法,依据成绩和能力,各抽出 50 名学生分别组成实验组与对照组。实验组运用课堂演示型 CAI 课件进行教学,对照组运用传统常规方法进行课堂教学。为了控制实验条件,实验组与对照组的一切教学活动均独立进行;实验组在多媒体综合电教课室,对照组在传统常规电教课室,尽量排除可能影响实验结果的干扰因素。

(3) 实验内容:中文系专业基础课程"文学理论基础——风格论",这一内容理论性较强,学生学习难度较大,教师讲解的抽象性强,但又是教学的重点内容。

(4) 实验组与对照组的教学程序如表 8 所示。

(5) 实验数据的获取。

实验测量的原始数据主要是通过两次课堂教学质量问卷调查表由学生填写以及学生学期末的考试成绩等方式获得。课堂教学质量问卷调查表(见附 8),内容包括教学方法、教学目的、教学直观性、提高注意力、增强记忆力、便于掌握重点、扩大知识面、提高学习效率、提高教学效果、增加学习兴趣和综合效果 11 个方面,分为优、良、一般、差四等级,相对应的量化分数分别为 95 分、75 分、60 分和 30 分。

实验组	对照组
(1) 用传统媒体进行教学后的课堂教学质量问卷调查(第一次)	(1) 用传统媒体进行教学后的课堂教学质量问卷调查(第一次)
(2) 教师根据教学设计理论方法进行教学目标分析,确定教学流程方案	(2) 教师根据教学设计理论方法进行教学目标分析,形成教学流程方案
(3) 编制课堂演示型 CAI 课件"文学理论基础——风格论",并做好实施教学准备	(3) 准备传统教学媒体,做好实施教学准备
(4) 在多媒体综合电教课室采用课堂演示型 CAI 课件实施课堂教学	(4) 在常规电教课室采用传统媒体实施课堂教学
(5) 进行课堂教学质量问卷调查(第二次)	(5) 进行课堂教学质量问卷调查(第二次)
(6) 本课程内容考试成绩的统计分析	(6) 本课程内容考试成绩的统计分析

表 8　CAI 教学实验

(6) 统计和对比方法

通过对实验组与对照组总体的各项指标的对比和检验来说明两者的差别,并据此分析造成差异的原因。同时,我们也选用单组实验对比和等组实验对比,进行实验结果

[①] 选自蔡兴勇、陆环:《课堂演示型 CAI 课件教学实验》,载《广州师院学报》(自然科学版),2000(11)。此处有少量改动。

的比较,找出异同。

2. 实验结果与分析

2.1 第一次课堂教学质量问卷调查结果

在实验开始时,实验组和对照组均采用传统方法进行教材某一章节内容的教学,之后,我们进行了第一次课堂教学质量问卷调查,实验结果见表9。

表9

第一次课堂教学质量问卷调查的实验结果统计表

项目	实验组人数				对照组人数			
	优(95)	良(75)	一般(60)	差(30)	优(95)	良(75)	一般(60)	差(30)
教学方法	13	20	12	5	14	19	13	4
教学目的	22	21	7	0	22	20	8	0
教学直观性	5	16	25	4	4	17	24	5
提高注意力	5	22	19	4	6	21	19	4
增强记忆力	10	21	18	1	9	22	17	2
便于掌握重点	20	21	9	0	21	20	9	0
扩大知识面	5	20	17	8	6	19	18	7
提高学习效率	6	22	18	4	6	21	19	4
提高学习效果	3	25	18	4	4	24	19	3
增加学习兴趣	1	19	24	6	2	20	23	5
综合效果	3	26	19	2	2	25	20	3

2.2 第二次课堂教学质量问卷调查结果

根据本实验设计,在实验组和对照组分别采用课堂演示型 CAI 课件和传统媒体进行教学后,我们进行了第二次课堂教学质量问卷调查,实验结果见表10。

表10

第二次课堂教学质量问卷调查的实验结果统计表

项目	实验组人数				对照组人数			
	优(95)	良(75)	一般(60)	差(30)	优(95)	良(75)	一般(60)	差(30)
教学方法	36	10	3	1	7	26	15	2
教学目的	30	17	3	0	22	21	7	0
教学直观性	45	4	1	0	3	17	26	4
提高注意力	36	11	3	0	4	22	20	4
增强记忆力	24	21	4	1	6	20	20	4
便于掌握重点	13	25	10	2	22	20	7	1
扩大知识面	35	12	3	0	6	22	16	6
提高学习效率	25	20	4	1	5	23	18	4
提高学习效果	33	13	3	1	4	26	17	3
增加学习兴趣	39	8	3	0	2	18	25	5
综合效果	34	13	2	1	3	26	19	2

2.3 平均分的测查与分析

我们对实验组和对照组调查结果进行统计。(见表11)

项　目	实验组平均分		对照组平均分		
	第一次	第二次	第一次	第二次	表11
教学方法	72.1	87.6	73.1	71.5	实验组和对照组
教学目的	81.7	86.1	81.4	81.7	调查结果的
教学直观性	65.9	92.7	64.9	64.8	统计表
提高注意力	67.7	88.5	68.1	67	
增强记忆力	72.7	82.5	71.7	70.4	
便于掌握重点	80.3	75.4	80.7	80.8	
扩大知识面	64.7	88.1	65.7	67.2	
提高学习效率	68.4	82.9	68.1	68	
提高学习效果	67.2	86.4	68.2	68.8	
增加学习兴趣	62.8	89.7	64.4	63.8	
综合效果	68.7	87.1	67.1	68.7	
总平均分	70.2	86.1	70.3	70.6	

再由表10进一步采用单组实验和等组实验对比方法,相应计算出检验大样本($n>30$)的实验差异程度的Z值,从而得出差别的程度。

（1）总平均分的测查与分析

表12是实验组和对照组两次问卷调查的结果。从表12可以发现,就单组实验来看,实验组的前后两次实验结果表明总成绩有显著的提高,而对照组则显示总成绩无显著差异;实验组和对照组均采用传统媒体进行课堂教学后,反映出的效果也无显著差别,但是,在实验组通过演示型CAI课件进行计算机辅助教学而对照组仍采用传统常规媒体进行教学之后的第二次调查结果中,效果明显不同,实验组总效果与对照组的差异显著。这也就是本实验所要证实的关键。

项目	实验组总平均分	对照组总平均分	Z值	显著性	
第一次	70.2	70.3	0.04	$P>0.05$	表12
第二次	86.1	70.6	5.73	$P<0.01$	实验组和对照组
Z值	3.04	0.11			两次问卷调查
显著性	$P<0.01$	$P>0.05$			结果的分析表

注：$P>0.05$ 无显著差异；$P<0.01$ 有非常显著差异。

（2）教学方法等各单项指标的测查与分析

我们进一步效仿总平均分的测查方法,对教学方法等各单项指标分别进行了测查。经测查分析,学生在教学方法、教学直观性、提高注意力、增强记忆力、扩大知识面、提高学习效果、增加学习兴趣、综合效果等方面的结果是：在实验组的单组实验比较中有非常显著的差别,在等组实验中的第二次调查结果也是实验组比对照组有非常显著或显著的差别,即 $P<0.01$ 或 $P<0.05$；而在对照组的单组实验对比和第一次实验组与对照

组的等组实验中并没有显著差异,即 $P>0.05$。这就说明,采用计算机辅助课堂教学可以使上述教学方法等九项指标获得明显的教学效果,备受学生的欢迎。同时,测查分析的结果也表明,学生在教学目的性和便于掌握重点两项指标方面,计算机辅助教学并不能发挥什么特殊作用,均无显著差异,即 $P>0.05$。从统计结果来看,采用计算机辅助课堂教学后,学生的目的性不会明显增强,而在把握教学的重点方面反而不如传统常规教学,这是我们今后要加倍引起重视的。

2.4 学生考试成绩结果测查与分析

为了更明确了解学生对"风格论"这一章节内容的学习效果,我们在期末考试试题中专门安排了 16 分的题目。考试结果是:实验组平均分为 13.34 分,对照组为 12.12 分,其测查与分析结果如表 13。

表 13 考试成绩结果 测查与分析 结果统计表	实验组考试平均分	对照组考试平均分	Z 值	显著性
	13.34	12.12	2.84	$P<0.01$

注:$P<0.01$ 有非常显著差异。

从表 13 可见,实验组与对照组的考试成绩虽然平均分只相差 1.22 分,但 Z 值检验结果是有非常显著的差异,从而表明,实验组通过采用演示型 CAI 课件进行课堂计算机辅助教学最终反映到学生考试成绩方面仍然是有非常显著的差异。这一点说明,我们不要因为通过计算机辅助教学仅使学生的平均成绩提高了 1.22 分,而放弃计算机辅助教学的非常显著的教学效果。

3. 结束语

我们经过一年多时间的设计和实验,初步进行了量化处理,得到的结论是:采用计算机辅助教学的总体效果明显优于传统媒体的教学效果。在我们选定的 11 项指标中,教学方法、教学直观性、提高注意力、增强记忆力、扩大知识面、提高学习效率、提高学习效果、增加学习兴趣和综合效果等方面均有非常显著的作用,而在教学目的和便于掌握重点内容方面,计算机辅助教学则要加以重视。最后实验的教学内容在期末考试成绩中也反映出计算机辅助课堂教学具有明显的良好效果。

附 8 课堂教学质量 问卷调查表	项 目	评 分 等 级			
		优(95)	良(75)	一般(60)	差(30)
	教学方法				
	教学目的				
	教学直观性				
	提高注意力				
	增强记忆力				
	便于掌握重点				

续　表

	评　分　等　级			
	优(95)	良(75)	一般(60)	差(30)
扩大知识面				
提高学习效率				
提高学习效果				
增加学习兴趣				
综合效果				

注:请填表人逐项评价,在评价等级栏中划"√"。

思考题

1. 在研究高等教育方法时,需要我们注意哪些问题?
2. 研究高等教育方法的主要目的有哪些?

参考文献

1. 李冬梅,张丽娟,于长春:《大学外语测试改革教学实验》,《长春金融高等专科学校学报》,2008(1)。

2. 蔡兴勇,陆环:《课堂演示型 CAI 课件教学实验》,《广州师院学报(自然科学版)》,2000(11)。

后　记

　　本书是上海市教师资格专业课程考试用书,专供有志申请大学教师工作职务的非师范类专业毕业的大学生和研究生学习和考取上海市教师资格证书使用。

　　本书在性质上是一本教材,作者对本书的责任是"编"。编者,采纳有关领域已经成熟的、共知的理论和方法等。但编写本书的实践告诉我们,编写其实也不容易。首先,要求编写者要有广阔的知识面,要知道与高等教育方法有关的领域有哪些,到哪里去寻找有关资料,特别是在目前现成的高等教育方法一类的书很少的情况下。其次,作为教材,要善于将最基本的、最重要的内容选入书中。第三,作为考试教材,语言要通俗易懂,要精练,便于理解和记忆。第四,高等教育方法涉及的知识面很广,要真正学好并不容易,本书要给读者进一步学习的方向提示。面对这些要求,我们感到能力有限,尽管我们尽了很大的努力,但可能仍存在许多不足。

　　本书的内容主要有有关理论和方法及案例和附录。其中,读者要注意的是案例和附录是为了加深理解或者为提供进一步学习的指导而设立的,这些都不是考试内容。

　　本书由孙绍荣担任主编,负责构思全书各章节的内容结构并参加各章的编写。

　　本书第一版共九章,各章的编写人员如下:

　　绪论:孙绍荣;第一章:孙绍荣、张思清;第二章:孙绍荣、方耀楣;第三章:孙绍荣、李俊义;第四章:孙绍荣、王先玲;第五章:孙绍荣、孔斌;第六章:孙绍荣、张家智、汪利祥;第七章:孙绍荣、王磊、束义明;第八章:孙绍荣、李芙蓉;第九章:孙绍荣、王珺。

　　本书第二版对第一版进行了较大的修改和补充,共十二章,主要由孙绍荣负责编写。在编写过程中,孙绍荣的研究生宋玉强、鞠文杰、陶新、林菡密(博士生)、曹婧等参加了资料收集、文字整理等工作,黄佐钘(博士后)等也提供了有益的帮助。

　　在编写本书的过程中,我们参考了大量的参考资料:有著作,有教材,也有论文及互联网上的文章,还有许多没有公开出版的内部资料。由于资料量太大,无法一一列出,在此向这些论著的作者表示谢意和歉意。

　　在本书编辑出版过程中,上海市教委人才交流中心、华东师范大学出版社等都做了大量的工作,在此谨表谢忱。

孙绍荣

2010 年 6 月 26 日